数据资产化

企业数据价值挖掘与实现

郑清元 郭培明 杨洋 ◎ 主编

北京大学出版社
PEKING UNIVERSITY PRESS

内容提要

本书是一本深入探讨数据如何作为企业关键资产发挥作用的实用指南,从数字经济的角度出发,全面分析了数据要素的价值挖掘、资产化过程,以及数据资产增值路径。

全书分为15章,第1章及第2章全面介绍了数据要素与数据资产的概念、重要性,并详细探讨了数据资产的确权、评估、入表等关键问题;第3章至第14章探讨了数据资产在各领域的应用,对于数据资产的应用普及有重要的参考意义;第15章论述了数据资产的风险管理与发展前景,合理地展望了数据资产的未来。

本书讲解全面,案例丰富,具有前瞻性和实践指导意义,非常适合企业决策者、数据管理者、政策制定者、行业分析师、数据技术人员等管理者、研究人员阅读参考,同时适合作为高等教育中数据科学、商业分析等相关专业的教材、参考书使用。

图书在版编目(CIP)数据

数据资产化:企业数据价值挖掘与实现 / 郑清元,郭培明,杨洋主编. -- 北京:北京大学出版社,2025.5. -- ISBN 978-7-301-36048-4
Ⅰ. F272.7
中国国家版本馆CIP数据核字第2025CJ2519号

书　　　名	数据资产化:企业数据价值挖掘与实现 SHUJU ZICHANHUA: QIYE SHUJU JIAZHI WAJUE YU SHIXIAN
著作责任者	郑清元　郭培明　杨　洋　主编
责任编辑	滕柏文
标准书号	ISBN 978-7-301-36048-4
出版发行	北京大学出版社
地　　　址	北京市海淀区成府路205号　100871
网　　　址	http://www.pup.cn　新浪微博:@北京大学出版社
电子邮箱	编辑部 pup7@pup.cn　总编室 zpup@pup.cn
电　　　话	邮购部 010-62752015　发行部 010-62750672　编辑部 010-62570390
印　刷　者	北京鑫海金澳胶印有限公司
经　销　者	新华书店
	880毫米×1230毫米　16开本　17.75印张　295千字 2025年5月第1版　2025年5月第1次印刷
印　　　数	1-4000册
定　　　价	79.00元

未经许可,不得以任何方式复制或抄袭本书之部分或全部内容。
版权所有,侵权必究
举报电话:010-62752024　电子邮箱:fd@pup.cn
图书如有印装质量问题,请与出版部联系。电话:010-62756370

编委会

主　　编：郑清元　郭培明　杨　洋
副 主 编：杨环宇　周林飞　陶俊霖
　　　　　赵　帅　李宝华
编辑委员：鄢裕城　黄大勇　马渊杰
资料委员：吴利滨　刘倚罡
顾　　问：冷　星　刘东明　郭乃金

如今,数据正以前所未有的力度重塑着我们生活的方方面面。随着数字技术的飞速发展,数据逐渐从简单的记录符号演变成极具价值的资产,犹如新时代的"石油",重要性不言而喻。

我们正处于由数据驱动的大数据时代,在这个时代,数据不仅是信息载体,还是经济增长、企业创新和社会发展的核心要素。从智能制造到智慧农业,从金融服务到文化旅游,数据资产在各领域有惊人的应用潜力。

以电商行业为例,亚马逊通过对用户的浏览历史、购买行为等海量数据进行分析,实现了高度精准的商品推荐,用户使用体验良好。据统计,其推荐系统带来的销售额占总销售额的35%左右,充分展示了数据资产在助力营销方面的巨大力量。

类似的例子还有很多——

在医疗领域,IBM沃森肿瘤解决方案是利用大量的医学文献、临床案例等数据训练出来的,不仅能够在短时间内为医生提供治疗方案建议,还能够分析数以百万计的医疗文档,提高诊断效率和诊断准确性。

在交通行业,很多打车软件每天会产生海量的出行数据,这些数据被高效应用于优化派单系统、减少司机空驶时间、提高乘客出行效率。对交通流量数据的分析,还能为城市交通规划提供依据,据估算,在一些大城市中,合理应用这类数据可以使交通拥堵时间减少20%～30%。

然而,数据资产化的发展并非一帆风顺,其蓬勃发展表象的背后有诸多挑战。

数据的确权、评估、定价等问题是数据资产化道路上的一道道关卡，如何在保障数据安全的前提下实现数据的开放共享和合法交易是亟待解决的难题。此外，数据资产的跨境流动涉及复杂的合规问题，不同国家和地区的法律法规差异给数据资产的全球化发展带来了诸多阻碍。

这些阻碍并不会束缚数据资产化的脚步。

本书全面、深入地探讨了数据资产在各领域的应用、创新，以及面临的挑战、应对的策略，通过对不同行业的数据资产化实践案例进行剖析，为读者呈现数据资产改变世界的全景图。希望本书能够帮助企业、政府和相关从业人员更好地理解、把握数据资产化带来的机遇与挑战，在数字经济的浪潮中乘风破浪，拥有更加繁荣的未来。

第1章 大数据时代的"石油"——数据要素

1.1 大数据时代的海量数据既是"洪流",又是"石油" / 002

1.2 以数据为关键要素的数字经济 / 005

1.3 数据资产化的本质及发展现状 / 007

第2章 数据资产到底是什么

2.1 数据要素 / 010

2.2 数据资产 / 013
  2.2.1 个人数据资产与企业数据资产 / 013
  2.2.2 数据资产与数字资产的区别 / 015

2.3 数据资产确权 / 016
  2.3.1 数据资产确权的方式 / 016
  2.3.2 数据资产确权的不足 / 017

2.4 数据资产评估 / 019
  2.4.1 成本法 / 019
  2.4.2 收益法 / 020
  2.4.3 市场法 / 022

2.5 数据资产入表 / 024
  2.5.1 数据资产入表的发展现状 / 024
  2.5.2 数据资产入表的特点 / 025
  2.5.3 数据资产入表的实施流程 / 026

第3章 数据资产与商业模式创新

3.1 数据驱动的商业模式 / 030
  3.1.1 数据驱动的商业模式的优势 / 030
  3.1.2 数据驱动的商业模式的应用案例 / 032

3.2 数据资产与企业经营转型 / 033

3.3 数据资产与产业链数字化发展 / 036
  3.3.1 数据资产推动产业链数字化发展的具体表现 / 036
  3.3.2 共建数字化供应链生态的方法 / 037
  3.3.3 制订数据资产的全面智能解决方案的环节 / 037

3.4 数据资产与区块链 / 039
  3.4.1 区块链的优势 / 039
  3.4.2 数据资产与区块链结合的特点 / 040
  3.4.3 数据资产与区块链结合的案例 / 041

3.5 数据资产与人工智能 / 044
  3.5.1 人工智能对数据资产化的助力 / 044

3.5.2 数据资产与人工智能结合的案例 / 045

第 4 章 数据资产与智能制造

4.1 人工智能时代，智能制造对数据的依赖 / 048

4.2 数据驱动产品创新 / 051
    4.2.1 数据驱动产品创新的关键环节 / 051
    4.2.2 数据驱动产品创新面临的挑战 / 053

4.3 智能制造供应链与数据链 / 054
    4.3.1 智能制造供应链 / 054
    4.3.2 智能制造数据链 / 055
    4.3.3 智能制造供应链与数据链融合的实现路径 / 056

4.4 数据资产驱动智能制造业的协同发展 / 059
    4.4.1 数据资产驱动智能制造的过程 / 059
    4.4.2 数据资产驱动智能制造的要点 / 060

4.5 数据资产与智能制造软件的融合开发 / 062
    4.5.1 数据资产与智能制造软件的融合 / 062
    4.5.2 数据资产与智能制造软件融合开发的原则 / 063

第 5 章 数据资产与智慧农业

5.1 数据资产与智慧农业共生 / 066
    5.1.1 数据资产与智慧农业结合的案例 / 066
    5.1.2 数据资产助推智慧农业发展的作用 / 067

5.2 农业数据产品链的完善 / 070
    5.2.1 农业数据产品链的完善意义 / 070
    5.2.2 农业数据产品链的技术支持 / 071
    5.2.3 农业数据产品链的完善现状 / 071

5.3 数据资产助力农业生产模式的创新 / 073
    5.3.1 数据资产助力农业生产具体方式的创新 / 073
    5.3.2 数据资产助力农业生产模式创新的案例 / 074

5.4 数据资产助力农业抗风险能力的提高 / 076
    5.4.1 政策层面的重视和支持 / 076
    5.4.2 实践层面的完善和拓展 / 076

第 6 章 数据资产与商贸流通

6.1 商贸数据是国家、企业的宝贵资产 / 079
    6.1.1 商贸数据对国家而言的重要性 / 079
    6.1.2 商贸数据对企业而言的重要性 / 080

6.2 数据资产助推反向定制 / 082
    6.2.1 传统零售模式的运行弊端 / 082
    6.2.2 传统零售模式与数据资产的结合 / 082
    6.2.3 C2M 反向定制供应链 / 083

6.3 数据资产助推营销资源配置优化 / 085
    6.3.1 零售行业 / 085
    6.3.2 金融行业 / 086
    6.3.3 医疗行业 / 086

6.3.4 电子商务行业 / 087
6.3.5 教育行业 / 087

6.4 数据资产助推品牌打造 / 089
6.4.1 企业数据资产的组成 / 089
6.4.2 企业数据资产对品牌的影响 / 090

6.5 数据资产与供应链管理 / 092
6.5.1 数据资产对供应链管理的助力 / 092
6.5.2 数据资产与供应链管理结合的挑战 / 093

6.6 数据资产租赁 / 095
6.6.1 数据资产租赁的特点 / 095
6.6.2 数据资产租赁的优势 / 096
6.6.3 数据资产租赁的应用 / 097

6.7 数据资产催生新消费形态 / 099
6.7.1 数据资产与新消费形态的结合 / 099
6.7.2 新消费形态对数据资产提出的要求 / 100

第 7 章 数据资产与交通运输

7.1 数据助推智能交通 / 103
7.1.1 交通数据的采集、处理与使用 / 104
7.1.2 智能交通的数据来源 / 105

7.2 多式联运中的数据共享 / 107
7.2.1 多式联运中的数据共享现状及意义 / 107
7.2.2 多式联运中的数据共享案例 / 108

7.3 数据资产助推物流提质增效 / 110
7.3.1 完成智能数据分析与管理 / 110

7.3.2 完成数字化控货与确权 / 111
7.3.3 提高大宗物流的效率和安全性 / 111

7.4 智能汽车的商业化与数据资产 / 113
7.4.1 数据资产对智能汽车用户的影响 / 113
7.4.2 数据资产对智能汽车产业链的影响 / 113

7.5 交通运输管理与大数据 / 116
7.5.1 交通运输管理的内容 / 116
7.5.2 各地的交通运输管理探索 / 117
7.5.3 交通运输管理的大数据应用方向 / 118

7.6 交通运输行业的数据资产应用 / 121
7.6.1 数据资产的应用核心 / 121
7.6.2 借助数据资产合理融资 / 122
7.6.3 交通运输行业应用数据资产的关键举措 / 122

第 8 章 数据资产与金融服务

8.1 开发基于数据资产的金融产品 / 125
8.1.1 基于数据资产开发的金融产品 / 125
8.1.2 数据资产的多样化融资方式 / 126

8.2 数据资产金融化的尝试与未来 / 128
8.2.1 数据资产金融化的现状 / 128
8.2.2 数据资产金融化的案例 / 129
8.2.3 数据资产金融化的未来 / 130

8.3 数据资产与金融抗风险能力 / 132

8.4 金融信用数据与公共信用数据的共享 / 134

第 9 章 数据资产与文化、旅游

9.1 文化产品、旅游产品的数据化趋势 / 138

9.2 数据资产与文化产品、旅游产品的保护、传承 / 142
- 9.2.1 数据资产如何助力文化产品、旅游产品的保护 / 142
- 9.2.2 数据资产如何助力文化产品、旅游产品的传承 / 143
- 9.2.3 数据化的文化产品、旅游产品的优势 / 144

9.3 数据资产助推文化创新产品发展 / 146
- 9.3.1 传统文创产品的不足 / 146
- 9.3.2 数据资产带来的文创产品发展新思路 / 146

9.4 数据资产与定制化旅游 / 149
- 9.4.1 数据资产对定制化旅游的推动 / 149
- 9.4.2 数据资产在定制化旅游完善过程中的作用 / 150

9.5 数据资产助推政府提高旅游治理能力 / 152
- 9.5.1 依托数据资产提高旅游治理能力的探索 / 152
- 9.5.2 数据资产在旅游治理中的作用 / 154

9.6 数据资产与文化旅游中的配套服务 / 156
- 9.6.1 数据资产与配套服务的关系 / 156
- 9.6.2 数据资产与配套服务融合发展的策略 / 157

第 10 章 数据资产与科技创新

10.1 数据资产的开放、共享提高数据价值治理能力 / 160

10.2 数据资产与知识产权保护 / 164
- 10.2.1 中国在数据知识产权保护方面的探索 / 164
- 10.2.2 数据知识产权保护的难点：划定客体范围 / 165

10.3 数据资产如何助力科技创新 / 167

10.4 数据资产与人工智能大模型 / 170
- 10.4.1 为什么要大力推动人工智能大模型的发展 / 170
- 10.4.2 数据资产如何助力人工智能大模型的发展 / 171
- 10.4.3 数据资产加持下的人工智能大模型的未来 / 172

10.5 数据资产与跨学科建设和创新 / 174
- 10.5.1 数据资产促进跨学科建设和创新的方式 / 174
- 10.5.2 数据资产促进跨学科建设和创新的尝试 / 175

10.6 数据资产与脑机接口等科技形态 / 177
- 10.6.1 医疗健康领域 / 178
- 10.6.2 游戏娱乐领域 / 178
- 10.6.3 交通安全领域 / 179

第 11 章 数据资产与医疗健康

11.1 健康信息共享与医学创新 / 181
- 11.1.1 已取得的成果 / 181
- 11.1.2 亟待解决的问题 / 183

11.2 电子病历中的数据互认共享 / 184
- 11.2.1 电子病历数据互认共享的必然性 / 184
- 11.2.2 电子病历数据互认共享的现状 / 185
- 11.2.3 电子病历数据互认共享需要强化顶层设计 / 186

11.3 数据资产与医疗理赔结算 / 188
- 11.3.1 医疗理赔结算的数据化探索 / 188
- 11.3.2 医疗理赔结算的数据化推进 / 189

11.4 数据资产与疾病筛查 / 192
- 11.4.1 疾病筛查数据化的优势 / 192
- 11.4.2 成功模式：阜新市的女职工"两癌"筛查 / 193

11.5 数据资产与疾病监测、管理 / 195
- 11.5.1 疾控中心的信息化建设 / 195
- 11.5.2 数据分析方案的规范化 / 196
- 11.5.3 远程数字化管理的应用 / 196

第 12 章 数据资产与教育发展

12.1 基础教育中的知识产权保护与数据资产应用 / 199
- 12.1.1 基础教育中的知识产权保护与数据资产应用现状 / 199
- 12.1.2 基础教育中的知识产权保护与数据资产应用发展方向 / 200

12.2 成人教育中的知识产权保护与数据资产应用 / 202
- 12.2.1 成人教育中的知识产权保护和数据资产应用意义 / 202
- 12.2.2 成人教育中的知识产权保护与数据资产应用利益 / 203

12.3 个性化教育中的数据资产应用 / 205
- 12.3.1 诸暨市个性化教育的探索 / 205
- 12.3.2 个性化教育数据资产的未来 / 206

12.4 教育培训中的数据资产应用 / 208
- 12.4.1 教育培训企业对数据资产的全新认识 / 208
- 12.4.2 教育培训企业的数据资产更多落地途径 / 209

12.5 企业岗位培训中的数据资产应用 / 211
- 12.5.1 数据资产助力企业内培的基本方式 / 211
- 12.5.2 建立基于数据资产的内培体系 / 212

第 13 章 数据资产与智慧城市

13.1 智慧城市建设中的数据资产应用 / 216

13.2 智慧城市建设中的新技术与推进难点 / 219
- 13.2.1 智慧城市建设中的新技术 / 219
- 13.2.2 智慧城市建设的推进难点 / 221

13.3 数据资产与智慧城市群共建联治 / 223
- 13.3.1 智慧城市群共建联治的意义 / 223
- 13.3.2 智慧城市群共建联治的代表 / 224

13.4 数据资产推动智慧城市公共服务普惠化 / 226

第 14 章 数据资产与政务管理

14.1 政务管理的数据化趋势 / 229

14.2 政府的数据资产应用 / 232
- 14.2.1 政府数据资产的应用方式 / 232
- 14.2.2 政府数据资产的强大力量 / 233

14.3 政务管理中的数据资产应用 / 235
- 14.3.1 加强风险识别 / 235
- 14.3.2 培养风险思维 / 236

14.4 气象服务中的数据资产应用 / 238
- 14.4.1 气象数据资产的特点 / 238
- 14.4.2 气象数据资产的应用展望 / 239

14.5 公共管理中的数据资产应用 / 241
- 14.5.1 公共管理数据资产的管理重点 / 241
- 14.5.2 公共管理数据资产的应用模式 / 242

14.6 数据资产与绿色低碳发展 / 244

第 15 章 数据资产的风险管理与发展前景

15.1 数据资产的政策支持 / 248
- 15.1.1 国家的政策推动 / 248
- 15.1.2 地方的政策助力 / 249

15.2 数据资产的法律地位与保护 / 252
- 15.2.1 国家层面的相关法律法规 / 252
- 15.2.2 地方层面的相关法规 / 253

15.3 数据隐私与个人信息保护法律法规 / 256
- 15.3.1 《民法典》/ 256
- 15.3.2 《中华人民共和国数据安全法》/ 256
- 15.3.3 《中华人民共和国个人信息保护法》/ 257
- 15.3.4 其他相关法律法规 / 258

15.4 数据资产跨境流动与合规挑战 / 259
- 15.4.1 数据资产跨境流动的基本情况 / 259
- 15.4.2 数据资产合规挑战的具体体现 / 259
- 15.4.3 数据资产合规挑战的出现原因 / 260
- 15.4.4 数据资产合规挑战的应对方法 / 261

15.5 数据资产的安全保障与风险防范 / 262

15.6 数据资产伪造与篡改的防范方法 / 266
- 15.6.1 对关键信息进行加密处理 / 266
- 15.6.2 结合使用数字签名与哈希算法 / 267
- 15.6.3 与正规的数据资产证书颁发机构合作 / 267
- 15.6.4 定期进行数据资产证书审查 / 268
- 15.6.5 做好数据资产证书的用户的培训和教育工作 / 268
- 15.6.6 其他防范方法 / 268

15.7 数据资产，最普遍的生产要素 / 270
- 15.7.1 数据资产的"生产要素"特点 / 270
- 15.7.2 数据资产的生产力 / 271
- 15.7.3 数据资产对未来的影响 / 271

01 CHAPTER | 大数据时代的"石油"
——数据要素

在数字经济蓬勃发展的当下,数据已然成为时代焦点。

海量的数据,究竟是难以驾驭的信息洪流,还是如石油般珍贵的经济资源?本章,我们深入探寻数据的新时代价值,剖析数字经济如何以数据为核心运转,挖掘数据资产蕴含的巨大市场潜能。

1.1 大数据时代的海量数据既是"洪流",又是"石油"

在大数据时代,数据是我们生活中宝贵的资源之一。我们每天都在与各种数据打交道,从社交媒体上的动态到电商平台上的购买记录,从城市交通流量到医疗健康监测报告,数据无处不在。

面对如此海量的数据,我们不禁要问:这些数据究竟是"洪流"还是"石油"?

这两种说法,都有其正确性。

将数据比作"洪流",是因为它确实有着不可忽视的冲击力。每天,全球范围内的数据量都在以惊人的速度增长,如同洪水般席卷而来。这种数据洪流规模庞大且种类繁多,处理起来极具挑战性。我们需要提高计算能力,并借助高效的算法应对海量的数据,否则很容易被"数据洪流"淹没。

把数据看作"石油"也是合理的,因为这些数据有着极高的价值。石油被誉为"工业的血液",是现代社会运转不可或缺的资源。与之相同,数据是"现代社会的血液",蕴含着丰富的信息和知识,能够为各领域的发展提供源源不断的动力。通过对数据进行深入挖掘和分析,我们可以发现隐藏其中的规律和趋势,为决策提供支持,推动科技进步、提高生产效率,甚至改变我们的生活方式。

将数据看作"石油",同时意味着我们不可以无节制地开采它、利用它。石油资源的开采需要考虑环境保护、可持续发展等因素,数据的使用同样如此。我们需要合理地收集、存储、处理和分析数据,确保数据的安全性和隐私性得到保护,避免数据滥用、数据泄露等情况的出现。与此同时,我们需要加强数据治理和数据伦理的规范化建设,确保数据的合理利用,追求其社会价值的最大化。

在数据浪潮中,我们不仅要学会驾驭这股"洪流",还要善于提炼其中类似石油的宝贵资源。这要求我们不仅要拥有强大的技术实力,还要拥有极具前瞻性的战略眼光。

具体而言,想要充分挖掘数据资产的价值,我们需要做到如图 1-1 所示的 4 个要点。

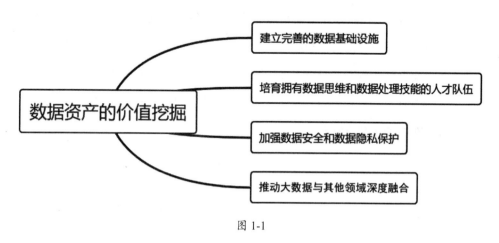

图 1-1

对以上 4 个要点详细介绍如下。

(1) 建立完善的数据基础设施

完善的数据基础设施包括高效的数据收集系统、稳定的数据存储解决方案、强大的数据处理和分析工具等。只有建立并不断完善这些基础设施,我们才能更高效地管理和使用数据,将其转化为有价值的信息。

(2) 培育拥有数据思维和数据处理技能的人才队伍

以充分挖掘数据资产的价值为工作重点的人才队伍不仅要有扎实的数学、统计学、计算机科学基础,还要有丰富的行业知识和实践经验,能够通过完成深入的数据挖掘和分析,发现数据背后的规律和趋势,为企业的决策和创新提供有力支持。

(3) 加强数据安全和数据隐私保护

在大数据时代,数据资产的价值不仅体现在其数量上,还体现在其质量和安全性上。工作中,我们需要采取有效的技术手段和管理措施,确保数据的安全性和隐私性得到保护,避免数据滥用、数据泄露等情况的出现。

(4) 推动大数据与其他领域深度融合

数据不仅可以用于商业分析和决策支持,还可以用于推动医疗、教育、交通、环保等各领域的发展。通过推动大数据与其他领域深度融合,我们可以更高效地进行资源配置、更精准地提供决策支持,并不断优化服务体验。

大数据时代,有着前所未有的机遇和挑战。"数据洪流"既有巨大的冲击力和挑战性,又蕴含着丰富的价值和潜力。一方面,我们需要用开放、合作、创新的心态迎接大数据时代的到来,充分发挥数据的作用,推动社会的进步和发展。另一方面,我们需要保持警惕和谨慎,确保数据资源能够得到合理的利用和充分的保护,为构建更加美好的未来贡献力量。

1.2 以数据为关键要素的数字经济

以数据为关键要素的数字经济,指基于数据资源的收集、处理、分析和应用,借助数字化技术和网络平台的支持,推动经济增长和社会发展的新型经济形态。对数字经济而言,数据是具有极高价值的资源,依托数据的收集、存储、处理、挖掘和分析,我们可以为各行各业提供智能化、高效化、个性化的服务,进而推动经济的高效增长和社会的可持续发展。

数字经济的特点在于其高度依赖数据资源,可通过使用数字化技术实现数据资源的快速流动和高效利用。在数字经济中,数据不仅是一种生产资料,还是一种资产,可以通过数据交易、数据服务等方式实现价值的转化和增值。与此同时,数字经济推动着数字化技术的不断创新和应用,包括大数据、云计算、人工智能、物联网等新兴技术,而这些技术的不断创新和应用反作用于数字经济的发展,两者是相辅相成、互相促进的关系。

数字经济的出现,不仅改变了传统经济模式和商业模式,还为企业和个人提供了更多的商业机会和创新空间。

对企业来说,在数字经济中,可以通过数据挖掘和分析,更好地了解市场需求和消费者行为,从而制定更加精准的市场策略和产品策略;对个人来说,在数字经济中,可以使用数字化平台更加便捷地获取信息和服务,提高生活质量和生活幸福感。

除了对经济发展有推动作用,对社会进步来说,数字经济的出现和发展也带来了积极影响。在数字经济中,政府可以依托大数据和人工智能技术,提高公共服务水平,改善民生。例如,通过数据挖掘和分析,政府可以更加精准地制定社会保障、城市规划、交通管理等政策,提高政策的有效性和针对性。与此同时,数字经济对教育、医疗、文化等领域的数字化转型有促进作用,能够为人们提供更加便捷、高效、个性化的服务。

总之,以数据为关键要素的数字经济是未来经济发展的重要方向之一。随着数字化技术的不断发展和应用,数字经济将会更加深入地渗透各领域,推动经济社会的快速发展和变革。

需要特别关注的是,目前,数字经济对全球经济状况的影响越来越显著。在数字经济中,数据的流动和利用是驱动经济发展的重要力量,跨国企业纷纷通过数据分析洞察全球市场需求、优化供应链管理、提高生产效率和产品质量。此外,数字经济的发展推动着国际贸易的便利化,通过数字化平台,企业可以更加便捷地进行跨境交易,降低贸易成本、拓展国际市场。

1.3 数据资产化的本质及发展现状

数据资产化,即将数据作为企业的重要资产,对其进行合理的配置、管理和使用,以便充分地实现企业的经济价值和社会价值。

数据资产化包括数据的收集、整理、挖掘、分析、应用等多个环节。首先,需要使用各种手段收集数据,包括数据资产化主体的内部数据和外部数据,比如社交媒体数据。其次,需要对数据进行清洗、整合、分类、标注等处理,以便更高效地利用数据。再次,需要对数据进行挖掘和分析,以便发现数据中的规律和趋势,为数据资产化主体的决策和业务推进提供支持。最后,需要将数据应用于实际场景,创造价值。

对企业来说,数据资产化的优势在于能够不断提高企业的竞争力和创新能力。

比如,通过对销售数据进行深入挖掘和分析,企业可以更好地了解市场需求,优化产品和服务,提高其市场竞争力。

再如,通过对客户数据进行深入分析,企业可以更加准确地掌握客户的需求和偏好,从而为客户提供更加个性化和贴心的服务,提高客户的满意度和忠诚度,帮助企业在同类竞争中脱颖而出。

又如,通过对海量数据进行全面分析,企业可以发现新的商业机会和创新点、预测行业的发展方向,并据此制定更加精准的战略,提高运营效率,减少生产浪费,推动自身的转型、升级。

需要注意的是,虽然数字资产化有着明显的优势,但一体两面,数据资产化的发展也面临着很多挑战和风险。

其一,数据的高质量和准确性是数据资产化的基础。如果数据有质量问题,挖掘和分析的结果大概率是不尽如人意的。

其二,数据的安全性和隐私性能否得到切实的保护,以及数据滥用、数据泄露等情况是否存在是数据资产化需要重点关注的问题。想要推动数据资产化,获得数据资产化带来的"红利",就要采取有效的措施,切实保护用户隐私,确保数据安全。

数据资产化是一个复杂的过程,推动数据资产化的发展和普及,创造更多的经济价值和商业机会,需要企业和社会共同努力。

展望未来,数据资产化将发挥越来越重要的作用,因此,我们需要积极拥抱数据资产化,不断提高自身的数据处理能力,以便从容面对发展挑战、及时抓住发展机遇。

02 数据资产到底是什么

CHAPTER

在数据海洋中,数据资产如同待开发的宝藏。

本章,我们一起踏上探索之旅,从数据要素的概念入手,探究数据资产的定义、用途,以及数据资产的确权、评估、定价等,直至揭开数据资产的面纱,一览其真实面貌。

2.1 数据要素

数据资产的基础是数据要素。数据要素是一种新型生产要素，以电子形式存在，通过计算参与生产经营活动，发挥重要作用。

在大数据时代，数据资产正在逐渐成为推动经济发展的核心力量。例如，对企业来说，在生产经营过程中及时对销售数据、用户行为数据等生产经营数据进行分析，可以优化产品设计、组织精准营销，进而提高企业的经济效益。

如图 2-1 所示，作为新型生产要素，与传统生产要素相比，数据要素的独特之处在于有可复制性、非消耗性、边际效益递增等特点。因此，在大数据时代，数据要素的应用潜力是巨大的。

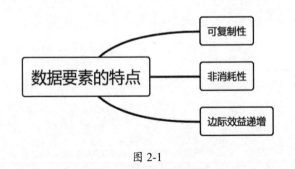

图 2-1

如今，数据要素正在逐渐成为国家基础性战略资源。近年来，国家出台了一系列政策，推动数据要素的应用，举例如下。

2022 年，政府工作报告提及数据要素，强调健全数据基础制度，大力推动数据开发、开放和流通使用。这一政策导向为数据要素市场的发展指明了方向。

2022 年 6 月 22 日，中央全面深化改革委员会第二十六次会议审议通过了《中共中央、国务院关于构建数据基础制度更好发挥数据要素作用的意见》，明确了数据要素市场制度建设的基本框架和工作重点。这一意见于 2022 年 12 月 19 日对外发布。

2023年12月16日至2023年12月22日,《"数据要素×"三年行动计划(2024—2026年)(征求意见稿)》公开征求意见。该文件提出,到2026年末,数据要素应用场景的广度和深度应大幅拓展,在经济发展领域,数据要素乘数效应应得到显现,打造300个以上示范性强、显示度高、带动性广的典型应用场景,产品和服务质量、效益应实现明显提升,涌现出一批成效明显的数据要素应用示范地区。

2023年12月26日,相关部门在北京发布"2023年度十大科技名词","数据要素"入围,与"大语言模型""生成式人工智能""智慧城市"等一起成为年度最具影响力和代表性的科技名词。

由此可见,数据要素的影响力正在与日俱增。

那么,数据要素到底会如何改变我们的生活?数据要素的标准化和规范化究竟有什么意义?如图2-2所示。

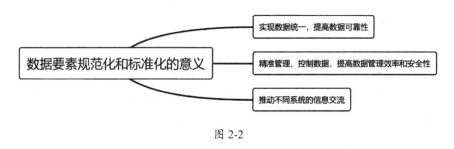

图 2-2

对以上3个意义详细介绍如下。

(1)实现数据统一,提高数据可靠性

重点行业,如医疗行业,可以通过制定统一的数据要素标准,规范患者的病历数据,包括症状描述、检查结果、治疗方案等数据项的定义和记录格式。

建立数据要素规范体系并在医疗行业中推广,意味着不同医生记录的病历数据可以更好地进行交互、对接,此举不仅有利于提高医疗数据的质量,为不同医生的诊断和治疗提供更为准确的依据,推动医院间的数据共享,还有利于提高患者的就诊效率,实现"一家医院检查,所有医院数据同步",减轻在不同医院反复做同一检查给患者带来的经济负担和精神困扰。

在其他行业也是如此，通过数据要素规范化和标准化实现数据统一、提高数据可靠性，能够推动协同工作的普及，显著提高工作效率。

(2) 精准管理、控制数据，提高数据管理效率和安全性

精准管理、控制数据，有助于更加深入地分析数据，帮助企业、组织进行精准决策。在金融等行业，此举有更积极的作用。

对企业来说，数据要素管理工作是重点工作之一。实际工作中，企业需要及时对各数据要素进行分类管理。例如，将销售数据分为客户信息、产品信息、销售金额等数据要素，进行分别管理和监控。这样做，可以更加高效地进行数据查询、更新、删除等操作，提高数据管理效率。

同时，企业可以给不同级别的员工不同的数据要素管理权限，更好地确保数据的安全性，避免数据泄露情况的出现。

以金融行业为例。通过对客户的交易数据、信用数据等数据要素进行组合和分析，金融机构可以更好地评估客户的信用风险，为贷款审批提供依据；通过对客户的收入、负债、还款记录等数据要素进行综合分析，金融机构可以建立信用评估模型，准确判断客户的信用状况，进而预估用户的贷款额度、还款计划等。目前，类似的数据要素应用方法已被绝大多数金融机构使用。

(3) 推动不同系统的信息交流

以物流行业为例。目前，绝大多数物流企业的信息并不互通，若能够实现数据共享，并对货物的位置、状态、运输时间等数据要素进行规范化、标准化处理，不同物流企业的物流管理系统可以更好地完成数据交互，不仅能够提高物流资源的利用率，还能够大幅提高物流效率、降低物流成本。

由此可见，大数据时代的核心是数据要素，数据要素能为数据的处理和应用夯实基础，发现并提供数字经济的发展空间和发展机遇。在大数据时代，若缺少数据要素，一切商业设想与规划都是空中楼阁。

2.2 数据资产

数据要素不断积累，达到一定量级，便会形成数据资产。无论是个人还是企业，在大数据时代，都拥有属于自己的数据资产，包括数字信息、文字信息、图像信息、语言信息、数据库信息等各种信息。

在 2024 年中国发展高层论坛上，国家数据局局长刘烈宏表示数据资产是由个人或企业拥有或控制的、能够为企业带来未来经济利益的、以物理或电子的方式记录的数据资源。未来，国家数据局将陆续推出数据产权、数据流通、收益分配、安全治理、公共数据开发利用、企业数据开发利用、数字经济高质量发展、数据基础设施建设指引等 8 项制度文件。

由此可见，在大数据时代，数据资产并非虚拟资产，而是一种数字化呈现的真实资产。

2.2.1　个人数据资产与企业数据资产

对个人来说，日常生活中在社交平台发布的记录了个人生活的精彩瞬间与回忆的照片、视频等，不仅具有情感价值，在某些情况下还可能具有商业价值——个人的社交媒体账号就是重要的数据资产之一，比如使用微博、抖音，我们可以通过广告合作、带货等方式，赚取收入、分成。

可以说，以个人为主体时，数据资产是因我们的各类数字记录、数字行为聚合而产生的资产。

在企业层面，数据资产的范围更广、价值更高。企业可以对各类数据进行电子化处理，如对设计图纸、合同、物流信息、业务往来信息等数据进行电子化处理，通过挖掘和分析这些数据资产，更好地了解市场需求、客户行为、业务趋势，为企业的决策提供有力支持。这些数据资产，甚至比实体资产更有价值。

可以毫不夸张地说，与实体资产相比，数据资产具有更高的通用性，因为数据资产既可以以数字、表格的形式存在、流通，又可以以图像、声音、视频、文字等形式存在、流通。这一特点，在不同环节、不同行业、不同领域中普遍存在。

接下来，我们举几个例子，说明数据资产对企业的意义。

以注册公司、出资、增资为例。由中华人民共和国第十四届全国人民代表大会常务委员会第七次会议于 2023 年 12 月 29 日修订通过，自 2024 年 7 月 1 日起施行的《中华人民共和国公司法》（简称《公司法》）放宽了对无形资产出资的要求，即经加工处理形成的数据资产在进行估值后能够纳入企业资产负债表，成为企业资产的一部分。在《公司法》的规定中，企业包括数据资产在内的无形资产在实缴出资时的占比可达 100%。这意味着经过评估后，企业的数据资产能够作为企业的实缴出资。此规定大大减轻了股东的现金压力，对数据资产积累较为丰厚的科创类企业来说无疑是重大利好。

以融资、贷款为例。如今，企业的数据资产可以直接用于融资、贷款，即企业可以通过数据交易所，如上海数据交易所、贵阳大数据交易所，以企业的数据资产为质押物进行融资、贷款。具体而言，在企业完成数据资产入表后，数据交易所会对其数据资产进行登记认证、价值评估、质押登记、风险监测等操作，确保数据资产真实、合法、不可篡改，实现从资产入表、登记、评估到融资的闭环。

以交易为例。如今，企业可以直接使用数据资产进行交易——截至 2023 年 12 月，在上海、广西北部湾等各地数据资产交易所挂牌交易的数据资产产品已累计近万。这就是说，企业的数据资产经过数据资产交易所的深度分析、过滤、提炼、整合后，是具有交换价值的，能够进行交易变现。

由此可见，数据资产对企业的重要性越来越高，它不仅可以为企业创造经济收益，还可以进一步为企业赋能，提高企业的品牌价值。

2.2.2 数据资产与数字资产的区别

很多人听说过"数字资产"这个词，它与"数据资产"只有一字之差，很容易让人产生"数字资产就是数据资产"的想法。

对于数据资产和数字资产，我们必须有清晰的认识。

所谓数字资产，指企业或个人拥有或控制的、以电子数据形式存在的、在日常活动中持有以备出售或处于生产过程中的非货币性资产。数字资产与数据资产有着本质的不同。

最明显的不同是价值本质不同。

数据资产本身并没有价值，有价值的是其承载着的信息内容。例如，企业的客户数据资产的价值实现方法是通过对客户数据进行分析，了解客户画像，进而进行产品优化、服务提升，提高企业的经济效益。

数字资产与之不同，数字资产本身是有价值的。例如，博物馆发行的数藏产品、虚拟土地都属于数字资产，本身就有价值。数字资产的本质是数字产品本身的所有权、版权等，因此，数字产品的所有权、版权拥有者可以按照市场价格对数字产品进行交易，不涉及数据的收集和积累。

对数据资产和数字资产有清晰的认识，能够帮助我们更好地管理、利用这些资产。

2.3 数据资产确权

与数据资产相关的关键词之一是"数据资产确权"。何谓"数据资产确权"？说的是数据资产只有确定规模与权益，才能确定价值。具体而言，由组织合法拥有或控制的数据资源，以电子或其他方式记录，可进行计量或交易，才可直接或间接地带来经济效益和社会效益。

数字经济越发达，数据资产确权的意义越大。2024年10月，中华人民共和国国务院新闻办公室（简称国务院新闻办）召开新闻发布会，宣布2023年中国数字经济核心产业增加值占GDP比重达10%；中国云计算市场规模达6165亿元，增长35.5%；数据生产总量达32.85泽字节，增长22.4%。这些数据，可证明作为数字经济的关键要素，数据资产的价值是显而易见的。

2.3.1 数据资产确权的方式

目前，数据资产确权主要在企业层面完成，每完成一例，都有较高的社会讨论度。企业如何进行数据资产确权呢？有很多种方式，举例如下。

（1）购买数据或联合开发数据产品时进行确权

购买数据或联合开发数据产品时，企业可以在合同条款中明确数据资源持有权、数据加工使用权和数据产品经营权这3种权利的界定。具体而言，企业需要确定各方分别拥有哪些权利、授权范围等，在符合法律规定的基础上签订协议，做好数据权属认定。

目前，这种方式并不完善，各企业还在使用中探索、优化。

（2）通过数据交易所完成确权

目前，很多数据交易所可以为企业提供数据确权服务，即由数据交易所在审核

第 2 章 数据资产到底是什么

上架企业的数据资产的过程中引入第三方机构出具评估意见,审核通过后,为企业颁发数据资产的产权登记证。

这种数据资产确权方式是当下的主流方式,专业的数据交易所,如上海数据交易所、浙江数据交易所,都有确权指南。虽然各地有关数据资产确权登记的条例并不完全一致,但可以借助数据交易所实现数据资产的确权和认定是没有问题的。

具体而言,企业进行数据资产确权时,涉及的部门至少有 5 个,如图 2-3 所示,分别为提出数据需求的部门、根据业务/管理职责归属确认的审核部门、负责数据/信息录入或采集的部门、数据的权威来源/系统的业务主管部门、数据治理委员会认定的部门。

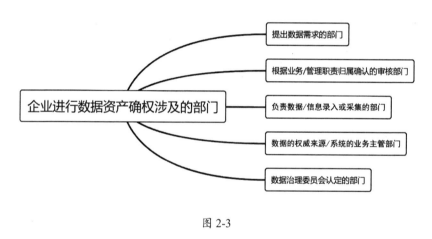

图 2-3

以上 5 个部门协作,可确定数据资产的规模与价值。

2.3.2 数据资产确权的不足

虽然已有数据资产确权顺利完成的先例,但不可否认的是,数据资产依然是一个新鲜事物,目前,我国尚未出台明确数据资产确权问题的成熟的、国家层面的法规。换句话说,虽然各部门、各地政府已陆续颁布了相关法规,但是尚未体系化、标准化。

企业层面尚且如此，个人层面的数据资产确权难度更大。比如，《中华人民共和国民法典》（简称《民法典》）中有关于数据保护的规定，但缺乏对实际操作的具体指导；再如，我们应该如何对自己的微博作品、抖音短视频作品进行资产确权？这些方面存在着大量的法规空白；又如，应该如何保护数据资源中的公民财产信息、公民个人身份信息？尚存在较大的争议。

事实上，个人信息泄露现象的本质就是数据资产侵权。在《中华人民共和国网络安全法》《中华人民共和国数据安全法》《中华人民共和国个人信息保护法》施行前，一些大型互联网平台和数据型企业已经收集到了海量的数据，在法律空白期，这些数据的收集几乎不受限制、没有成本，而信息保护措施的不到位，导致很多用户的资产权益已经受到侵害。

随着数字经济的发展越来越快、数据资产与我们的生活越来越息息相关，相信上述问题会得到全方位的解决。届时，数据资产确权会更加规范、便捷！

2.4 数据资产评估

数据交易所能够对数据资产进行评估,且评估结果直接决定数据资产的价值,因此,我们有必要了解、重视数据资产评估。那么,数据资产评估是如何进行的呢?

常见的数据资产评估方法有 3 种,分别为成本法、收益法、市场法,如图 2-4 所示。

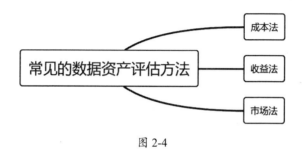

图 2-4

接下来对以上 3 种方法进行详细介绍。

2.4.1 成本法

成本法是目前数据资产评估最常使用的方法,可以结合资产成本对数据资产进行评估,使数据更加客观、准确。

成本法评估的计算过程通常为重置成本减去贬值因素,或者重置成本乘以成新率。

重置成本是成本法评估中最重要的要素,通常包括合理的成本、利润和相关税费,其中,成本除了直接成本、间接成本,还有机会成本。如果评估在企业内部产生或收集的数据资产,重置成本主要包括收集、存储、处理数据的人力成本、设备成本、研发成本等；如果被评估的相关数据资产是企业从外部购买的，重置成本指企业获取该数据资产的采购成本。

除了重置成本，还需要特别关注贬值因素。这里的"贬值"，指时效已过、质量低下、不符合需求等情况导致的数据资产贬值。注意，无形资产的贬值通常从功能性贬值、实体性贬值和经济性贬值3个方面入手进行考虑。

成本法被广泛使用，是因为使用成本法，可以将无法对应业务场景的数据对应到各自的来源系统中，更合理地评估此类数据的价值。例如，业务员在ERP系统中录入业务数据，其人工成本是该业务员的薪酬，可通过对应成本来源辅助完成数据资产评估。

2.4.2 收益法

使用收益法进行数据资产评估，即通过预计数据资产带来的收益，折现确定其价值。收益法可以继续细分为3种评估方法，分别为权利金节省法、多期超额收益法、增量收益法。

(1) 权利金节省法

使用权利金节省法，需要假设企业拥有某项数据资产，不需要支付许可使用费（权利金），从而节省一定量的成本。节省下来的成本即为该数据资产的价值。

权利金节省法的计算公式和相关参数说明如下。

$$V = \sum_{t=1}^{n} \frac{R_t \times r \times (1-T)}{(1+i)^t}$$

V：数据资产的价值。

R_t：第 t 期（年）与数据资产相关的预期收益，如营业收入、销售额。

r：权利金费率，即假设无该资产时需要支付的比例，可以参考行业可比许可协议。

T：所得税率（节省的权利金需要考虑税盾效应）。

i：折现率，反映资金的时间价值和风险。

n：收益预测期（通常为资产的经济寿命）。

（2）多期超额收益法

多期超额收益法是通过分离数据资产产生的超额收益并折现来计算其价值的方法。

多期超额收益法的计算公式和相关参数说明如下。

$$V = \sum_{t=1}^{n} \frac{(R_t - C_t - I_t) \times (1-T)}{(1+i)^t} + \frac{TV}{(1+i)^n}$$

V：数据资产的价值。

R_t：第 t 期由数据资产直接或间接产生的总收入，如数据服务收入、数据驱动的业务收入。

C_t：第 t 期与数据资产相关的直接成本，如采集、存储、维护费用。

I_t：第 t 期支持数据资产所需要的贡献资产回报，如配套硬件、软件、人力资本的机会成本。

T：所得税率。

i：折现率，反映数据资产的特有风险。

n：明确预测期。

TV：预测期后的终值（可选，通常用永续增长法或退出倍数法计算）。

（3）增量收益法

增量收益法通过量化拥有该数据资产的情形相较于不拥有该数据资产的情形所能带来的额外收益或成本节省来计算其价值。

增量收益法的计算公式和相关参数说明如下。

$$V = \sum_{t=1}^{n} \frac{\Delta R_t - \Delta C_t + \Delta S_t}{(1+i)^t} \times (1-T) + \frac{TV}{(1+i)^n}$$

V：数据资产的价值。

ΔR_t：第 t 期因数据资产带来的增量收入，如新增销售额、溢价收入。

ΔC_t：第 t 期因数据资产增加的增量成本，如数据维护、分析成本。

ΔS_t：第 t 期因数据资产实现的成本节省，如运营效率提升、风险损失减少。

T：所得税率（增量收益需要考虑税后净额）。

i：折现率，反映数据资产的风险。

n：预测期。

TV：终值（可选，用于预测期后的持续价值）。

与成本法相比，收益法的计算更复杂，精准度更高，因为其将数据资产的附加价值考虑在内了，不是单纯地根据成本进行评估。

使用收益法进行数据资产评估的步骤如图 2-5 所示。

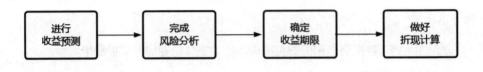

图 2-5

首先，进行收益预测。分析数据资产的历史应用情况和未来应用前景，合理预测其未来能够带来的收益。

其次，完成风险分析。考虑可能在数据资产应用过程中遇到的风险，并据此估算折现率。

再次，确定收益期限。根据数据资产的法律有效期、合同有效期、更新时间、时效性等情况，合理确定收益期限。

最后，做好折现计算。按照折现率，将未来收益折现到评估基准日，得到数据资产的现值。

2.4.3 市场法

市场法是与市场走势结合紧密的数据资产评估方法，使用时，通过比较相似数据资产的近期成交价格或者往期成交价格，根据数据资产特性对交易信息进行必要调整（调整系数）后，确定目标数据资产的价值。调整系数一般包括技术修正系数、期日修正系数、容量修正系数、价值密度修正系数和其他修正系数，具体介绍如下。

（1）技术修正系数

技术修正系数主要考虑技术因素差异带来的数据资产价值差异，技术因素通常包括数据获取、数据存储、数据加工、数据挖掘、数据保护、数据共享等因素。

（2）期日修正系数

期日修正系数主要考虑评估基准日与可比案例交易日的差异带来的数据资产价值差异。一般来说，可比案例交易日离评估基准日越近，越能准确反映相近商业环境中的成交价，数据资产价值差异越小。

（3）容量修正系数

容量修正系数主要考虑数据容量差异带来的数据资产价值差异。一般来说，价值密度接近时，容量越大，数据资产总价值越高。

（4）价值密度修正系数

价值密度修正系数主要考虑有效数据占总体数据比例的差异带来的数据资产价值差异。一般来说，有效数据占总体数据的比重越大，数据资产总价值越高。

（5）其他修正系数

其他修正系数主要考虑资产评估实务中，根据具体数据资产的情况，影响数据资产价值的其他因素。

市场法评估的计算过程通常为被评估数据资产的价值 = 可比案例数据资产的价值 × 技术修正系数 × 价值密度修正系数 × 期日修正系数 × 容量修正系数 × 其他修正系数。

市场法评估涉及的因素较多，因此，使用这种方法进行数据资产评估的数据交易所往往有非常专业的小组、团队，评估时，会安排数据专家进入企业深入考察。

2.5 数据资产入表

企业进行数据资产统计时，需要完成数据资产入表这一工作，即将数据资产列入企业资产负债表中的"资产"项目，在财务报表中体现其真实价值与业务贡献。

2.5.1 数据资产入表的发展现状

2024年被业界视为数据资产入表元年，有很多企业成功完成数据资产入表工作。

接下来，我们以2024年青岛港集团的数据资产入表为例，了解数据资产入表的相关情况。

2024年3月，青岛港集团完成了基于"干散货码头货物转水分析数据集"的数据资产入表工作，将其列入财务"无形资产"中的"数据资产"科目，计入企业总资产。这次数据资产入表工作由青岛港集团与相关专业机构共同完成，历经数据资产盘点、数据解析、数据加工、登记确权、合规评估、价值评价、成本归集与分摊等环节。

青岛港集团的数据资产入表工作整合了青岛港干散货码头生产信息系统中的矿石转水数据，不仅有助于港口动态优化生产组织和堆场布局、提高码头生产效率和堆场周转率，还能帮助钢厂和贸易商降低物流成本。

此外，2024年，温州市大数据运营有限公司的数据产品"信贷数据宝"完成数据资产确认登记，累计授信673亿元，用信182亿元，惠及用户15.2万人；浙江省某企业完成首单制造业主数据产品交易；成都市金牛城市建设投资经营集团有限公司启动数据资产化探索……这些案例来自不同地区和行业，为数据资产入表提供了实践经验。

在企业积极推进数据资产表的建立的背后，是相关政策的同步推进。

2023年8月，中华人民共和国财政部（简称财政部）印发了《企业数据资源相关会计处理暂行规定》，明确了该规定的适用范围、数据资源会计处理适用的准则、列示和披露要求等内容。这一规定于2024年1月1日施行，有助于推动和规范数据相关企业执行会计准则、准确反映数据相关业务和经济实质的工作。

随着数据资源、数据资产相关理论和实务的不断发展、完善，更多的相关规定必将及时跟进、调整，帮助企业建立越来越完善的数据资产表。

2.5.2 数据资产入表的特点

目前，数据资产入表有如下特点。

（1）入表类型与规模方面

首批完成数据资产入表工作的企业入表的数据资产以无形资产、存货和开发支出为主。其中，无形资产和开发支出的入表规模多为百万元级水平，存货的入表规模多为千万元级水平。

值得关注的是，部分企业曾在数据资产入表工作推进之初选择将数据资产作为存货入表，但在入表工作推进过程中相继取消相关操作。这提醒尚未推行相关工作的企业：选择入表类型时，需要充分考虑自身情况、谨慎决策，尽量不要出尔反尔。

（2）行业与企业属性方面

一方面，入表企业遍布钢铁、汽车、港口、电力等多个传统行业和信息技术等数据密集型行业，这反映了数据资产入表工作的广泛适用性。

另一方面，民营企业推行数据资产入表工作的比例远高于国有企业，这可能与国有企业的数据资产以自用为主、成本核算难度大有关。相对来说，民营企业更注重对数据资产价值的挖掘和变现，会积极地探索数据资产入表的途径，提高企业的市场竞争力和融资能力。

(3) 地域与市值分布方面

首批入表企业大多位于沿海省市，如山东、浙江，总市值普遍不高，这反映了数据资产入表工作在经济发达地区和小微企业中的先行先试。

虽然当前入表企业的市值和数量有限，但随着更多企业开始关注数据资产入表工作，未来，数据资产入表的总规模或将大幅扩大。

2.5.3 数据资产入表的实施流程

数据资产入表，要重点做好数据盘点、数据治理、数据确权和数据评估这4项工作。

（1）数据盘点

对数据资产入表而言，数据盘点至关重要。

在涉及主体方面，企业需要明确入表工作由哪些组织、部门承担，例如，仅涉及集团本部、涉及集团本部及其分/子公司。

在业务范围方面，企业需要确定入表工作涉及对哪些业务的盘点，例如，涉及对生产业务、采购业务、营销业务、财务业务、人力资源业务的盘点。

概括地说，在数据盘点阶段，需要做到"梳""规""盘""用"，相关工作如图2-6所示。

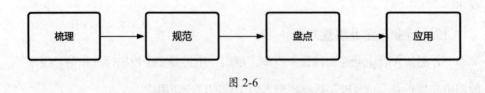

图 2-6

具体而言，"梳""规""盘""用"可解析如下。

其一，梳理需求，制订计划：明确盘点范围、目标、内容、人员、时间计划等，合理地推进数据盘点。

其二，规范模板，制度管理：加强数据管理制度建设，制定模板并定义资产标准项，推进标准化、规范化建设。

其三，盘点资产，层层推进：分别从业务视角、技术视角入手，对数据资源、系统数据进行梳理和盘点。

其四，资产应用，开放服务：完善数据资产目录，以"服务"的形式发布数据资产，实现数据共享和数据开放。

（2）数据治理

在数据治理阶段，企业需要建立数据资产体系、明确各方职责、完善数据治理标准和机制，在与企业自身数据管理体系充分结合的基础上，高效承接、推动数据资产入表工作。与此同时，企业需要完善数据资产目录，使用目录化、标签化的方法，准确梳理、描述有经济价值的数据资产，为后续估值与会计计量夯实基础。

（3）数据确权

在数据确权阶段，首先，企业需要制作数据资产清单，识别企业拥有的数据资产并为其分类，包括类型、来源、存储位置等；其次，企业需要评估数据资产的价值和敏感度，识别具有商业价值的数据和需要特别保护的敏感数据；再次，企业需要明确数据的所有权和使用权，根据数据的来源和类型，确定其所有权属，尤其需要注意的是，对于共享或合作产生的数据，要通过签订合同明确各方权利、义务；最后，企业需要定期完成数据合规性检查和风险评估，确保数据处理活动符合要求。此外，随着企业的运营情况变化，企业还需要定期更新资产清单和权利记录，提高确权信息的准确性和时效性。

完成以上工作后，即可进入数据评估阶段。

（4）数据评估

数据评估是数据资产入表的关键环节之一。如 2.4 小节所述，企业可以根据自身特点，选择使用成本法、收益法或市场法，构建全面适用的价值评估体系，完成数据资产评估。

总之，推进数据资产入表工作，一方面能够促使企业更加重视数据资产，根据数据资产的价值分布，合理调整其在不同业务领域的投入，将更多资源投入数据价值高、潜力大的业务领域，提高资源利用效率；另一方面能够为企业提供投资决策方面的科学依据，助其在考虑进行业务拓展或新增技术研发项目时合理评估相关举动对数据资产的影响，并据此判断业务、项目的可行性和潜在回报。

03 数据资产与商业模式创新

CHAPTER

在商业变革浪潮中,数据资产化是一股神秘的力量,驱动着商业模式创新。

那么,数据资产究竟在企业转型过程中扮演着何种角色?本章,我们一起看看数据资产是如何与产业链、区块链、人工智能交融,在商业世界中掀起创新风暴,重塑企业发展路径的。

3.1 数据驱动的商业模式

在数字化时代，数据是商业竞争中至关重要的要素，由数据驱动的商业模式的重要性在不断提升。

以电商行业为例，数据驱动起着至关重要的作用——目前，几乎所有电商平台都会通过分析用户的浏览历史、购买行为等数据，精准地进行个性化推荐，提高用户的购买转化率。据统计，个性化推荐能够助力电商平台提高20%至30%的销售额。

将关注范围扩大，在同时包括线上销售与线下销售的销售行业内，数据驱动的作用同样明显——企业可以利用数据预测市场需求、优化库存管理、合理控制生产。例如，通过对销售数据进行分析，企业可以准确预测某产品在未来一段时间内的销量，从而合理安排原材料采购和产品生产，减少库存积压和缺货情况的出现。

在金融行业，数据驱动的作用也不可忽视——通过收集、分析客户的财务数据、信用记录等多维度数据、信息，金融机构能够更加精准地评估客户的信用风险，为客户提供个性化的金融产品和服务。例如，对于信用良好的客户，金融机构可以提供更低的贷款利率和更高的贷款额度。

可以预见，由数据驱动的商业模式将随着自身的发展、成熟，慢慢地向更多行业渗透。

3.1.1 数据驱动的商业模式的优势

数据驱动的商业模式的优势主要包括如下5点。

（1）有助于决策客观且严谨

数据驱动的决策基于海量的实际数据和严谨的统计分析，摒弃了传统决策中可能存在的主观判断和经验局限。例如，企业在拓展市场时，通过对不同地区的市场规模、增长趋势、竞争态势等多维度数据进行分析，可以准确判断哪个市场有更大的开发潜力和机会，进而制定更具针对性的市场拓展策略。

(2) 有助于精准把握用户喜好

对用户数据进行深入分析，有助于企业更为精准地把握用户的行为习惯和浏览偏好。以社交媒体平台为例，通过分析用户的点赞、评论、分享等行为数据，平台可以更为精准地了解用户的兴趣、爱好，进而为用户推送更加个性化的内容和广告。这样做，不仅能够提高用户的浏览频率，还能够显著提高广告推送的购买转化率。

(3) 有助于控制、降低成本

数据驱动能够帮助企业在生产环节和物流环节找到降低成本的机会，从而更妥当地控制成本、提高生产效率。比如，制造企业可以通过分析生产过程数据，优化生产流程、降低废品率、减少资源浪费。再如，物流企业可以通过分析运输路线、货物流量等数据，合理调配车辆和人员，提高运输效率。

(4) 有助于预测、规避潜在风险

通过对历史数据和市场趋势进行分析，数据驱动能够帮助企业更好地预测、规避潜在风险。比如，金融机构可以通过分析客户的交易数据和信用记录，及时发现异常交易行为，预测、规避欺诈风险。再如，制造企业可以通过收集市场数据，及时感知市场变化，预测、规避库存积压风险。

(5) 有助于激发创新灵感

数据驱动有时能够激发企业的创新灵感。比如，科技企业可以通过分析用户使用产品后的反馈数据，不断改进产品，努力推出更符合市场需求的创新产品。再如，线上销售企业可以通过分析竞争对手的数据，尝试发现新的业务模式和营销策略，实现差异化竞争。

3.1.2 数据驱动的商业模式的应用案例

目前，国内外企业中，亚马逊与滴滴出行是借助数据驱动进行商业模式设计的典范。

（1）亚马逊

一方面，在消费端，亚马逊会通过对用户的浏览历史、购买记录、搜索关键词等行为数据进行分析，准确地为不同的用户推荐他们可能感兴趣的产品。例如，某用户在亚马逊上购买了一本历史类书籍后，亚马逊的推荐系统会根据该用户的购买记录和其他类似用户的各种行为，为该用户推荐相关的历史类书籍、电影、纪录片等产品。这种个性化推荐不仅能够提高用户的购买率和留存率，还能够增加用户在亚马逊上的购物时间和消费金额。

另一方面，在物流端与供应端，亚马逊会借助数据优势，通过合理预测销售数据，提前补充库存、合理安排仓库布局、不断优化配送路线。

（2）滴滴出行

一方面，通过全面分析用户的出行数据，滴滴出行做到了精准预测市场需求。比如，在早、晚高峰时段，滴滴出行能够根据历史数据预测出行需求，提前调配车辆，确保用户可以快速、及时地叫到车。再如，在节假日，滴滴出行能够根据不同地区的历史出行需求，合理分配车辆，提高车辆的利用率。

另一方面，通过对司机的位置、行驶速度、接单历史等数据进行分析，滴滴出行做到了合理优化司机的接单策略。比如，滴滴出行能够为司机提供最优的接单建议，提高司机的收入和服务质量。再如，滴滴出行能够借助数据分析，为司机提供更准确的、与行车安全相关的风险管理建议。

总之，在大数据时代，数据驱动的商业模式已经成为企业获取竞争优势、实现可持续发展的重要助力。

3.2 数据资产与企业经营转型

在大数据时代,企业转型最需要的是什么?是数据。

在企业转型的过程中,数据资产越来越重要——合理应用数据资产,能够通过对海量的市场数据进行收集、挖掘、分析,为企业提供市场趋势、客户需求、竞争对手动态等信息,帮助企业制定更加科学、合理的市场策略。

对企业来说,转型必须依托真实、合理的数据进行业务规划、调整。否则,转型计划再完美也只是纸上谈兵。

具体来说,在企业转型的过程中,对数据资产的深度应用能为企业提供如图 3-1 所示的助力。

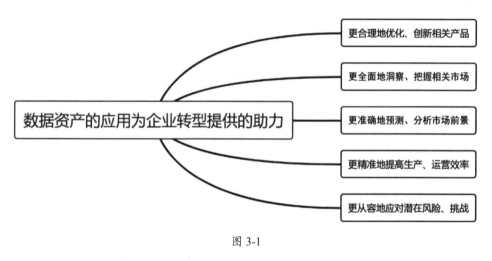

图 3-1

对以上助力详细介绍如下。

(1)更合理地优化、创新相关产品

企业可以通过对客户反馈数据和产品使用数据进行深入分析,发现产品存在的问题和改进的空间。比如,通过分析客户反馈数据,了解产品的哪些功能受到客户的欢迎、哪些功能需要改进。再如,通过分析产品使用数据,了解产品在不同场景中的使用情况，整理为产品的优化依据。

不断进行产品优化和创新可以提高企业的竞争力，满足客户的多样化需求，进而吸引更多的客户。同时，通过不断研发新的产品、不断优化各项服务，企业可以满足客户的不同需求，持续扩大市场份额。

(2) 更全面地洞察、把握相关市场

对市场数据和竞争对手数据进行分析，能够帮助企业深入了解市场动态。比如，收集和分析市场规模、市场份额等数据，了解市场的整体发展情况，能够为企业转型提供数据支撑。再如，分析竞争对手的产品、价格、营销等数据，能够帮助企业了解竞争对手的动态和策略，制定差异化竞争策略并进行有针对性的调整，不断提高市场份额和盈利能力。

(3) 更准确地预测、分析市场前景

企业可以通过对历史销售数据进行分析，预测市场需求，从而合理地调整生产计划和库存管理策略。同时，企业可以通过对市场趋势和客户需求进行分析，发现新的市场机会，如新兴的市场领域、未被满足的客户需求。

(4) 更精准地提高生产、运营效率

通过对生产数据、运营数据和供应链数据进行分析和优化，企业能够发现生产、运营过程中的瓶颈和浪费。比如，通过分析生产数据，企业可以精准发现生产过程中的效率低下环节，如设备故障率高、生产周期长，及时解决相关问题。再如，优化生产计划和物流调度是提高运营效率的关键，企业可以根据市场需求和生产能力制订合理的生产计划，规避生产过剩或不足。又如，降低运营成本、提高生产效率是企业追求的目标，企业可以根据运营数据和供应链数据，使用精益生产管理方法，降低原材料采购成本、生产成本、物流成本等成本，消除生产过程中的浪费，提高生产效率和产品质量。

(5) 更从容地应对潜在风险、挑战

分析风险数据可以帮助企业识别潜在的风险和挑战。比如，分析市场波动数据、政策变化数据、竞争对手行动数据，可以对可能面临的市场风险、政策风险、

竞争风险等进行预测。再如，分析企业内部的财务数据、运营数据，可以对企业内部的财务风险、运营风险等进行预测。

注意，确保业务稳定是企业运营与发展的重要目标。通过建立健全风险管理体系，一方面，企业可以提高自身应对风险的能力，降低遇到风险时的损失，确保业务的长期、稳定发展；另一方面，在面对突发的市场风险、政策风险时，企业可以及时调整经营策略，避免业务受到严重的影响。

总之，想要让数据资产为企业转型提供有力支撑，企业必须培养专业的数据人才、提升员工的数据素养，可以说，这是企业能否用好数据资产的关键所在。

一方面，大数据相关学科主要包括统计学、计算机科学与技术、数据科学与大数据技术等，作为数据人才，应关注以上学科的专业知识，具备获取基本数据的能力，以便根据不同的任务要求，综合调用各种计算机技术和知识，收集、整理海量数据并进行分类存储。

另一方面，数据人才需要拥有分析海量数据的基本能力，以便根据具体需求，选取有效方法和模型分析数据、形成报告，为实际问题提供解决依据。

3.3 数据资产与产业链数字化发展

产业链数字化发展是近年来的热门话题。想顺利推动产业链数字化发展，必须将数据资产置于重要位置。

产业链数字化发展的核心在于将数字技术应用于产业链的各环节，实现生产、流通、销售等环节的智能化和高效化。

数据资产在产业链数字化发展中发挥的作用主要有以下两点。

第一，通过对产业链各环节数据进行收集、整合和分析，企业可以更好地了解市场需求、优化生产流程、提高供应链效率。例如，在制造业中，企业可以利用大数据分析生产设备的运行状态，提前预测设备故障，减少停机时间，提高生产效率。

第二，通过应用数据资产为产业链上下游企业提供更精准的信息服务，企业可以不断优化和合作者的协同关系。例如，通过共享供应链数据，企业可以实现库存的优化管理，降低库存成本。

从底层入手应用数据资产，能够让产业链数字化发展更加高效和省心。在制造业中，企业可以通过建立完善的数据采集、存储和分析系统，将生产过程中的各类数据转化为有价值的数据资产。例如，通过对生产设备的运行数据、产品质量数据进行深度分析，企业可以及时发现生产过程中的问题，快速做出调整，提高产品质量和生产效率。此外，这些数据资产还可以为企业的产品研发、市场营销等工作提供有力的支持，使企业在产业链数字化发展的进程中更加从容地应对各种挑战。

3.3.1 数据资产推动产业链数字化发展的具体表现

自 2022 年起，传统产业链全面踏上数字化转型之路，数据资产成为重要的转型催化剂。

举个例子，产业链数字化发展打破了传统金融服务的产业链局限性，企业可以凭借自身的数据资产，如交易数据、生产数据，获得更精准的金融服务。通过分析这些可以反映企业的运营状况和信用水平的数据，金融机构能够为企业提供精准对应其实际需求的融资方案，进而重塑整个产业生态。

再举一个例子，在制造业中，一些中小微企业由于缺乏传统抵押物，难以通过银行获得贷款，在这种情况下，如果它们能够对生产过程中的数据资产进行有效的整合和展示，银行就可以基于这些数据资产评估企业的生产效率、订单情况等，进而为企业提供信贷支持，帮助企业扩大生产规模、提高竞争力。

3.3.2 共建数字化供应链生态的方法

目前，中央管理企业（简称央企）、国有企业（简称国企）的数字化供应链生态建设探索极具指导意义，因为在产业链中，央企、国企往往处于核心位置，掌握着大量的业务数据，通过对这些数据资产进行高效管理和共享，可以提高整个供应链的透明度和协同效率。

那么，民营企业应该如何实现数字化供应链生态建设？最重要的一步是通过与央企、国企进行数据对接，获取更多的市场信息和业务机会，随后，通过不断提高自身的数据运营能力，推动产业链向智能化方向发展。例如，在大型基础设施建设项目中，央企、国企可以将项目进度、物资需求等数据与相关民营企业共享，让相关民营企业根据这些数据及时调整生产计划和物流计划，确保物资的及时供应，提高整个供应链的运作效率。

3.3.3 制订数据资产的全面智能解决方案的环节

企业制订数据资产的全面智能解决方案，需要完成哪几个环节的工作？

（1）完善企业的战略规划

企业要将对数据资产的全面应用纳入企业的战略规划，明确应用数据资产的目标和方向。

（2）高效采集、整合数据

企业要从内部、外部多个渠道入手采集数据，并进行高效整合，形成数据资源池。

（3）建立健全治理体系

企业要建立健全数据治理体系，确保数据的高质量、安全和合规。

（4）深度挖掘、分析数据

企业要善用先进的数据分析技术，如大数据分析、人工智能分析，对数据进行深度挖掘，提取有价值的信息。

（5）在实际业务中应用分析结果

企业要积极将数据资产的分析结果应用在企业的实际业务中，如营销、生产、客户服务，实现数据资产的价值最大化。

未来，我们可以期待数据资产进一步打破产业链中的信息壁垒，不仅推动实现产业链各环节的深度协同，还推动产业链向更高层次的数字化、智能化方向发展，创造更大的经济价值和社会价值。

3.4 数据资产与区块链

区块链有可能与数据资产达成深度融合,那么,什么是区块链?它能为数据资产化提供什么?

3.4.1 区块链的优势

所谓区块链,是一种块链式存储、不可篡改、安全可信的去中心化分布式账本,结合了分布式存储、点对点传输等技术,通过不断增长的数据块链记录交易和信息,确保数据的安全和透明。区块链的诞生与数字货币密切相关,但如今,它的应用已经不限于数字货币。

区块链的主要特性是去中心化、不可篡改、可追溯,这些特性与数据资产的管理需求高度契合。

首先,区块链的去中心化特性可以打破传统的数据管理模式中的中心化垄断,提高数据资产的独立性和安全性。

其次,区块链的不可篡改特性可以确保数据资产的真实性和完整性,防止数据被恶意篡改。

最后,区块链的可追溯特性使数据资产的来源和流转过程清晰可查,为数据资产交易提供了可靠的依据。

使用区块链,我们可以对数据资产进行确权,明确数据资产的所有权和使用权,为数据资产的交易奠定基础。例如,依托区块链的智能合约技术,可以自动执行数据资产的交易合同,确保交易的公平和可靠。

3.4.2 数据资产与区块链结合的特点

具体来说，数据资产与区块链结合，会产生如图 3-2 所示的特点。

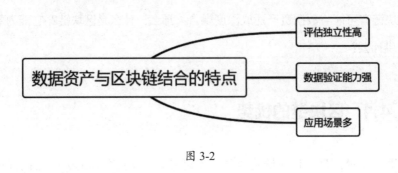

图 3-2

对以上 3 个特点详细介绍如下。

（1）评估独立性高

传统的数据资产评估往往依赖于特定的机构，这会导致评估结果受单一机构的影响较大，缺乏独立性。区块链的去中心化特性打破了这种中心化垄断，使得数据资产评估不再依赖于特定的、单一的机构。在区块链网络中，每个节点有同等的地位，共同参与对数据资产的评估，使得评估结果更加客观、公正。

（2）数据验证能力强

可追溯特性是区块链的重要特性之一，能够极大地提高对历史数据的验证能力，确保数据真实。在数据资产评估中，历史数据的准确和可靠是至关重要的，将数据资产的每一次交易和变更都记录在区块链上，可形成一个不可篡改的历史记录链条，使评估人员可以轻松地追溯数据资产的来源和流转过程，验证历史数据的准确性、可靠性。

例如，通过查看区块链上的数据记录，可以获知数据资产的原始所有者、交易时间、交易价格等信息，从而更加准确地评估数据资产的价值。

（3）应用场景多

除了数据资产交易，区块链在版权保护方面也有重要作用。比如，在传统的版权保护模式中，版权登记的过程和维权的过程不仅烦琐、成本高，还容易出现疏漏、纠纷，使用区块链，可以通过加时间戳、数字签名等方式，为原创作品提供不可篡改的版权证明——一旦作品被上传到区块链上，其版权信息会被永久记录，任何人无法篡改。这不仅能降低版权登记和维权的成本，还能提高版权保护的效率和可靠性。

3.4.3 数据资产与区块链结合的案例

目前，数据资产与区块链的结合已经在多个领域落地。如图 3-3 所示，在这些领域，区块链都为数据资产的发展提供着强力支持。

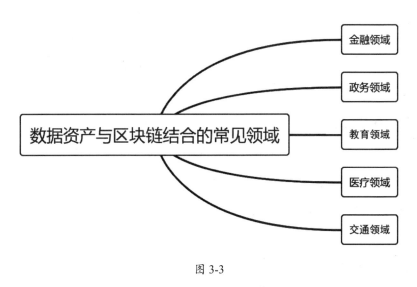

图 3-3

对以上领域的数据资产与区块链结合情况详细介绍如下。

（1）金融领域

腾讯旗下的微众银行依托区块链在贷款清算方面大有作为：一方面，借助区块链的去中心化特性，实现了贷款信息的实时共享和清算，提高了贷款清算的效率和透明度；另一方面，借助区块链的不可篡改特性，确保了贷款数据的真实和完整，降低了贷款风险。

(2) 政务领域

杭州互联网法院的司法区块链在存证等方面发挥了重要作用：一方面，依托区块链技术，该法院对电子证据的生成、存储、传输等过程进行了全程记录和存证，确保电子证据真实、完整、不可篡改；另一方面，在司法审判的过程中，该法院的法官可以直接通过司法区块链获取电子证据，提高证据的可信度和审判效率。

例如，在一些知识产权纠纷案件中，当事人可以通过司法区块链提交电子证据，证明自己拥有相关版权或商标所有权，维护自己的合法权益。

(3) 教育领域

全国首个"区块链+大数据+教育"项目——廊坊市教育数据监测平台建设项目为教育领域带来了新的变革。该项目依托区块链实现了教育数据的安全存储和共享，同时结合大数据，为学生提供着个性化的学习方案和教育资源推荐。例如，通过对学生的学习数据进行分析，了解学生的学习情况和需求，及时调整教学策略，提高教学质量。

(4) 医疗领域

医疗领域的数据资产与区块链结合探索为基层医疗带来了创新应用——依托区块链，实现医疗数据的安全共享和互联互通，提高基层医疗的服务水平和效率。例如，患者在基层医疗机构就诊时，医生可以通过区块链平台获取患者的病历信息和检查报告，避免重复检查，提高诊断准确性。

(5) 交通领域

区块链+新型交通"信号灯"能够为智慧出行提供指导路线——依托区块链，对交通信号灯与车辆、行人等交通参与者进行链接，能够实现交通信息的实时共享和协同控制。例如，交通信号灯可以根据车辆的数量和速度自动调整变化时间，提高交通效率。此外，引入区块链，可以实现交通违法记录的不可篡改和随时追溯，提高交通管理的公正性和有效性。

如上所述，数据资产与区块链的结合具有广阔的发展前景和巨大的发展潜力。虽然目前数据资产与区块链的结合面临着一些挑战，但随着技术的不断进步、法律法规的逐步完善、行业标准的统一化，以及国际合作的日益加强，在未来的数字经济中，这种结合定将发挥更加重要的作用。

3.5 数据资产与人工智能

2024年，人工智能几乎渗入所有领域，数字资产领域也不例外。人工智能与区块链一起，为数据资产带来了更广阔的未来。

3.5.1 人工智能对数据资产化的助力

人工智能的最大优势在于可以利用机器学习算法对大量的市场数据进行分析，准确预测市场趋势和客户需求，为企业决策提供有力的支持。例如，依托人工智能，可以通过分析消费者的浏览历史、购买记录和社交媒体数据，为企业提供个性化的营销建议，提高企业进行市场推广的精准度。

具体而言，在优化生产方面，人工智能可以帮助企业实现生产的自动化和智能化。例如，使用传感器和物联网技术收集生产数据后，利用人工智能算法进行分析和预测，可以实现设备的智能维护和故障预警，降低生产成本，提高生产效率。

在数据处理方面，依托人工智能，可以实现数据处理的自动化、实时化和智能调度，提高数据处理效率。例如，人工智能可以利用机器学习算法自动识别并分类数据，提高数据处理的准确性和效率——金融领域的风险监测系统可以依托实时数据分析技术对市场数据进行实时监测和分析，及时发现风险并采取相应的应对措施。

在洞察市场趋势方面，依托人工智能，可以实现对市场数据的准确分析和预测，为企业提供决策参考。这样的海量数据运算，是人力很难完成的。比如，通过对社交媒体数据和新闻数据进行分析，人工智能可以预测市场热点和趋势，为企业的产品研发策略和营销策略的制定提供参考。再如，通过对用户反馈数据和产品销售数据进行分析，人工智能可以为企业优化产品的功能和设计提供参考，提高产品的竞争力。又如，通过对企业的内外部数据进行整合和分析，辅以对行业数据和竞争对手数据的分析，人工智能可以为企业制定战略规划提供参考和支持。

3.5.2　数据资产与人工智能结合的案例

目前，已经有企业进行了数据资产与人工智能结合方面的尝试，举例如下。

（1）雅戈尔的"智能+"实践

作为中国纺织服装业的领军企业，雅戈尔通过数字化和智能化，实现了对生产模式和销售服务的升级。比如，雅戈尔投入巨资建设了在国内服装行业处于领先地位的"5G 智能工厂"，依托与阿里巴巴的合作，构建的 ChatBI 正在发挥巨大的作用。

具体而言，在功能运维阶段，雅戈尔着重构建电子商务平台和 O2O 营销平台，进行生产线智能化改造，建设反应快速的业务中台；在业务驱动阶段，通过用碎片化时间赋能业务，雅戈尔利用 IT 系统获得了将流程打通的效果；在战略引领阶段，雅戈尔将数字化与企业的战略、使命、愿景结合，让数据真正赋能业务，拥有"智能"。

目前，利用数字化和智能化这两个无形的纽带，雅戈尔将金融、地产、纺织、贸易等业务串联了起来，拥有了更大的聚合效应。比如，雅戈尔购物小程序的数字化大屏，通过投放，可形成一个覆盖直径 6 公里的圆形范围的数字化商店。再如，雅戈尔的纺织业务深入棉麻种植的上游，从原材料环节入手，确保了服装品质的可控、可追溯。

（2）东软集团的数智人力资本管理

东软集团是行业领先的全球化信息技术、产品和解决方案公司，是产业创新变革的推动者和数字化转型的赋能者，目前也已经开始了数据资产与人工智能结合的尝试。

东软集团的 TalentBase 数智人力资本管理产品以人工智能 + 人才管理为基本

模式，依托标签体系、胜任力模型、领导力模型、高绩效画像、人才画像、人岗匹配、人才盘点等技术，构建了"定标—对标—达标"的全生命周期人才管理价值链，为企业提供着高质量、可持续的人才供应链体系。

此外，该产品结合对话服务和智能引擎，以知识问询、数据处理、智能推荐、流程代办、生成创作等人工智能算法能力为基础，通过客服、助理、导师、顾问这4类角色的牵引，覆盖了人力资源招聘、入职引导、员工服务与支持、学习与课程推荐、人岗匹配智选、人力报告分析等场景，为企业提供着更"轻量"的全新智能人力资源服务，给企业前所未有的智能、便捷的体验。

人工智能技术的不断进步及人工智能与数据资产的深度融合，将推动数字经济快速发展，为社会带来生产力的飞跃，创造大量的就业机会。因此，拥抱人工智能，这是未来数据资产进一步发挥重要作用的关键一步。

04 数据资产与智能制造

CHAPTER

随着人工智能时代的到来,数据资产让智能制造越来越精密、高效了。

本章,我们继续研究数据资产,深入探究数据资产如何与智能制造的各环节紧密结合。从产品研发到产业协同,从供应链完善到软件开发,数据资产正在驱动智能制造走向新的高度。

4.1 人工智能时代，智能制造对数据的依赖

人工智能时代，智能制造如同一颗璀璨的新星，日益闪耀。

随着人工智能技术的飞速进步，制造业正在经历一场深刻的变革。数据显示，2023年，中国智能制造相关产业规模达到28841.6亿元，同比增长14.9%，且未来3年将保持每年15%以上的高速增长态势，预计到2026年，智能制造相关产业规模有望逼近4.5万亿元。

人工智能的发展背后是海量的数据。数据如同智能制造的血液，流经整个生产流程——它不仅是企业决策的依据，还是推动创新和持续发展的关键动力。随着技术的不断进步，数据的价值日益凸显，目前已成为企业在激烈的市场竞争中脱颖而出的重要法宝。

观察如今的智能制造，我们可以看到，在智能制造的各环节，数据都起着至关重要的作用。

（1）产品设计环节

在智能制造中，企业可以通过收集和分析大量的市场数据、用户行为数据，以及行业趋势数据，深入了解市场需求和用户偏好。

例如，汽车研发、优化实验室可以通过收集、分析车辆数据，智能了解司机在驾驶汽车时的感受、常见的驾驶环境，以及汽车对各种环境的适应能力，将相关数据反馈给设计师，能够更有针对性、更高效地改善车辆的操作方式、能源的利用效率。

（2）生产环节

通过收集和分析生产数据、实现生产过程中的自动控制和优化，能够极大地提高生产效率和生产质量。

以工业大数据为例。通过收集和分析工业大数据，可以打通线下生产与线上自动化，让整个工业生产流程数据化。如此一来，在部分制造流程中，只需要给予口头指令，便可以指挥机器人完成相应的工作。从生产到检测，再到市场投放，完全实现自动化管理，生产效率和生产质量都会有质的提升。

这种自动化的实现，得益于制造业中数据资产与人工智能的结合。

在智能制造中，工业大数据的应用还包括根据相关传感信息的反馈，对整个生产流程进行严格的监控，使企业以提高产品质量和生产效率为目的重构业务流程，让生产管理实时化、透明化，便于高效地进行科学管控。

（3）设备维护环节

通过监测和分析设备运行数据，可以预测故障，进行预防性维护。例如，在风机上装一些传感器，可以收集设备运行数据，以及风力、风向等环境数据，随后，使用数字孪生模型进行仿真运行，并根据仿真运行结果调整叶片的俯仰角度，降低故障概率、提高发电效率。

此外，每台机器都有采购成本和维修成本，如果高频异常，比如时常停机，造成的直接损失是巨大的。通过监测和分析设备运行、维修数据，可以明确设备利用率，为设备采购提供决策依据。

（4）改进环节

依托数据，能通过分析和模拟仿真，找出生产过程中的瓶颈和不足，为提出改进措施提供依据。目前，部分生产企业已经开始依托智能制造技术对生产流程进行实时监控，收集生产过程中的各种数据，包括设备运行数据、产品数据、生产环境数据等，通过数据分析，识别生产流程中的瓶颈和浪费，提出优化措施，提高生产效率和生产质量。

中国智能制造的崛起，不仅体现在生产流程控制和生产质量控制上，还体现在智能工厂的迅速发展上。截至2023年末，中国共建成62家"灯塔工厂"，占全球"灯塔工厂"总数的40%，此外，建成421家国家级示范工厂、万余家省级数字化车间和智能工厂。

如今，以智能制造为主攻方向推动制造业数字化转型，已成为构建新质生产力、催生新产业/新模式/新动能的关键抓手。它们，都指引着中国智能制造的发展方向。

未来，数据将进一步推动制造业与其他领域的深度融合，尤其是在人工智能、物联网等领域，融合将更加紧密。以智能物联网技术为例，它将推动设备远程监控和管理的实现，使设备间的互联互通更加紧密。

4.2 数据驱动产品创新

智能制造的关键是产品。在人工智能时代,产品创新会直接决定产品的吸引力、市场热度,传统的研发模式与生产模式会被逐渐淘汰。那么,在这个过程中,数据将如何驱动产品创新?

4.2.1 数据驱动产品创新的关键环节

数据驱动产品创新不仅涉及产品设计环节,还包含非常多且专业的其他环节。

(1) 数据收集与整合

数据收集与整合是数据驱动产品创新的基础环节。企业应建立健全数据收集系统,涵盖内外部各类数据,内部数据包括员工绩效、生产流程、客户反馈等,外部数据包括市场趋势、竞争对手情况等。

具体而言,一方面,企业可以通过内部管理系统收集员工的工作数据,了解员工的工作效率和绩效表现,为团队管理提供依据;另一方面,企业可以使用市场调研和数据分析工具获取外部数据,掌握市场趋势、竞争对手的产品特点和市场策略。

(2) 数据分析与洞察

数据分析与洞察是数据驱动产品创新的核心环节。依托先进的数据分析技术,从海量数据中提炼出有价值的信息是至关重要的。通过对数据进行深度挖掘,企业可以拥有更为清晰的市场洞察,了解客户需求、产品优化趋势等关键信息。

具体而言,一方面,销售数据能够帮助企业了解不同产品的销售情况和客户购买倾向,据此调整产品优化策略和市场推广方案;另一方面,数据分析能够帮助企业发现潜在问题,及时预警,妥当调整经营策略,推动创新。

（3）客户体验个性化

客户体验个性化是数据驱动产品创新的重要方向。通过数据分析，企业能够更好地了解客户的个性化需求，为其提供更贴心的产品和服务。注意，提供个性化的客户体验不仅能够提高客户的满意度，还有助于企业在市场上树立良好的品牌形象。

目前，各大电商平台都会对用户的浏览历史和购买行为进行数据收集与分析，为用户推荐个性化商品，优化用户的购物体验。

（4）组建创新团队

组建创新团队，需要数据分析发挥重要作用。企业要想在创新领域取得突破，必须组建一支具有强大创造力和执行力的创新团队。数据分析结果不仅可以用于支持产品创新和服务创新，还可以用于团队管理和协作优化。

通过对员工的绩效数据进行分析，企业可以更好地了解团队成员的优势和劣势，更有针对性地进行培训和激励，激发员工的创新潜力。例如，企业可以通过分析员工的项目完成情况和创新情况，识别创新能力较强的员工，为他们提供更多的发展机会和资源支持。

（5）实时监测市场数据

明确数据驱动产品创新的目标能够使企业更加敏感于市场变化。通过实时监测市场数据，企业能够更迅速地应对市场变化，调整产品优化策略和服务策略。市场敏感度的提升有助于企业更好地把握机遇、降低风险，从而更具竞争力。

例如，通过进行社交媒体监测和市场调研，企业可以实时了解消费者的需求和市场动态，及时推出符合市场需求的产品和服务。

（6）风险管理优化

创新往往伴随着一定的风险，而数据驱动产品创新可以帮助企业更好地识别、管理风险，采取相应的防范措施。

例如，企业可以通过分析市场波动情况明确竞争对手的创新方向，及时调整产品优化策略和市场推广方案，以便在创新过程中更加从容。

(7) 合作伙伴关系优化

数据共享是数据驱动产品创新的关键。企业应当积极建立、维护合作伙伴关系，共享数据资源，实现创新共赢。比如，与供应商、合作伙伴共享销售数据和市场信息，共同优化供应链管理和产品设计。通过与其他企业、研究机构进行数据共享，企业能够获取更广泛、更深入的信息，从而更好地推动创新。

换句话说，在合作中，数据的互通互联是促进企业创新的重要力量。

4.2.2 数据驱动产品创新面临的挑战

在认同数据驱动产品创新的利好的同时，我们要意识到此举面临的挑战——不仅有技术层面的，还有商业道德层面的。

以数据质量为例。数据质量问题是数据驱动产品创新面临的重要挑战之一。Gartner 研究报告显示，参与调查的公司平均每年因为低质量数据产生的经济损失高达 820 万美元。收集到的数据很可能存在误差和异常值，因此，我们需要及时对数据进行清洗和校验，确保数据的准确和可靠。

技术层面上的算法问题也必须被重视。研究发现，某人脸识别技术识别深肤色女性的脸的错误率高达 35% 左右，而对男性白人的脸的识别正确率堪称完美。这种算法偏见可能会影响产品创新的公平性和有效性。

此外，数据隐私保护、数据安全很重要。在数据驱动产品创新时代，数据的隐私问题和安全问题日益突出。企业在收集和使用数据时，必须遵守法律法规，确保用户的数据不被泄露。举个例子，自动驾驶汽车的数据采集可能会引起用户对隐私的担忧，包括个人信息是否会被不当使用等。如果这些问题得不到重视，很可能会有越来越多的人落入"数据唯一论"的误区，导致数据的收集与使用偏离正确方向。

4.3 智能制造供应链与数据链

在智能制造背景下，供应链与数据链融合有着非常重要的意义，比如，融合后的供应链与数据链能够为精准预测提供支持。相关调查显示，依托大数据分析和人工智能技术，企业对市场需求的预测准确率大幅提高，这使得企业能够提前规划生产，合理安排库存，避免生产过剩或供应不足导致成本增加或客户流失。

4.3.1 智能制造供应链

智能制造供应链有如图 4-1 所示的特点。

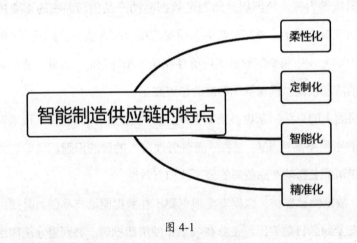

图 4-1

对以上特点详细介绍如下。

（1）柔性化与定制化

随着消费者需求的日益多样，传统的大规模标准化生产模式已难以满足市场需求。智能制造供应链能够根据不同客户的特定需求，进行柔性化、个性化定制生产。例如，在服装行业，消费者使用智能制造供应链根据自己的身材、喜好、风格等定制服装后，企业能够快速响应并生产满足消费者需求的产品。

这种柔性化与定制化的实现依托的是先进的制造技术和智能化的供应链管理系统。一方面，智能制造技术，如 3D 打印、柔性制造，使得生产过程可以快速调整以满足不同产品的规格和设计要求；另一方面，智能化的供应链管理系统能够实时监控市场需求变化，快速传递信息至生产环节，实现生产计划的动态调整。

(2) 智能化与精准化

智能制造供应链依托实时数据协同、全链路数字孪生，以及数字算法决策，实现了智能化与精准化。其中，实时数据协同使得供应链各环节能够及时共享信息，提高决策的准确性和响应速度；全链路数字孪生为企业提供了虚拟的供应链模型，通过对实际供应链进行模拟和优化，企业能精准发现潜在问题并制订解决方案；数字算法决策依托大数据分析和人工智能技术，能够对海量数据进行挖掘和分析，为企业提供精准的决策支持。与此同时，智能化的供应链管理系统能够根据市场需求的变化自动调整生产计划和物流配送方案，提高企业的市场应对能力和市场竞争力。

以某电子制造企业为例，通过引入智能化供应链管理系统，企业实现了生产计划的精准制订和物流配送方案的优化，库存周转率提高了 40%，订单交付准确率超过了 98%。

4.3.2 智能制造数据链

智能制造数据链的使用重点在于实现设备数据、生产数据、供应链数据的打通、整合，支持协同决策。一般而言，数据链的使用是通过在传感器、指挥控制中心、任务载荷之间建立实时、高效的信息交互网，以满足体系化作战的信息交换需求，在智能制造中同样如此。通过数据链，不同设备可以实现数据的实时传输和共享，使生产过程中的各环节能够紧密协同。

举个例子，在智能工厂中，设备的运行状态数据可以通过数据链实时传输到监控中心，一旦设备出现故障，维修人员可以迅速获取故障信息并进行处理，同时，管理人员可以根据设备状态实时调整生产计划，避免设备故障导致生产停滞。

具体而言，一方面，数据链能够对生产数据与供应链数据进行整合——通过对生产数据进行分析，企业可以准确预测原材料需求，及时调整采购计划，实现供应链优化；另一方面，供应链数据可以反馈到生产环节，帮助企业合理安排生产进度，提高生产效率。以某汽车制造企业为例，通过使用数据链对生产线上的车辆生产进度数据与供应商的原材料库存数据进行整合，实现了原材料的精准配送，大大降低了库存成本。

总之，在智能制造中，数据链能够通过打通并整合设备数据、生产数据、供应链数据，为企业的协同决策提供有力支持，帮助企业提高生产效率、降低成本、增强市场竞争力。

4.3.3 智能制造供应链与数据链融合的实现路径

供应链与数据链发挥不同的作用，能让智能制造更"智能"、更好地满足企业需求。那么，供应链与数据链如何实现融合？

（1）做好数据采集与管理工作

在智能制造中，做好数据采集与管理工作是实现供应链与数据链融合的基础。

首先，识别数据源。一方面，企业内部的生产、销售、库存等数据，可通过ERP、CRM等系统获取；另一方面，企业外部的市场、竞争对手、政策法规等信息，可通过爬虫、API接口等渠道获取。此外，可通过物联网设备收集生产线、设备状态、产品质量等实时数据。

其次，进行实时数据采集。依托传感器、RFID、PLC等技术，确保数据的准确性和实时性。例如，在阀门制造工厂中，安装在生产线上的传感器可以实时采集阀门的尺寸、密封性、表面质量等相关数据。

再次，对采集到的数据进行清洗。数据清洗包括对缺失值进行填充、插值、删除等操作，以保证数据完整；识别并处理数据中的异常值，如离群点、噪声，以提高数据质量。例如，有传感器故障导致的数据异常时，通过数据清洗，可以及时发现并纠正。

最后，构建高性能、可扩展的数据存储系统。这种数据存储系统支持结构化与非结构化数据存储，能够确保数据的安全、可访问。

（2）及时分析历史数据

对历史数据进行分析，有助于更合理地预测需求、制订生产计划。分析历史数据，需要全面关注历史销售数据、历史市场需求等，明确市场趋势和规律。例如，使用时间序列分析、回归分析等方法，找出数据中的趋势、季节性变化规律、残差等，预测未来的物料需求。

注意，构建需求预测模型需要基于机器学习算法，如线性回归、支持向量机、决策树、随机森林，以实现对未来需求的精准预测，制订最优生产计划。

（3）关注物料管理与控制

在智能工厂中，根据生产计划，可以明确所需要的物料的种类和数量，确保生产过程中的物料供应足够；根据生产数据分析，可以找出影响阀门质量的关键因素，进行有针对性的改进；通过记录物料的采购、运输、存储等环节的信息，可以实现对物料的全程追溯；通过制定全面的供应商评估标准，可以对供应商进行定期评估和选择，确保供应商的高质量及稳定、可靠。

重点关注以上内容，企业可以建立健全物料追溯系统，确保物料来源可靠、质量可控。

（4）实时采集生产数据

生产数据包括产品质量检测数据、设备运行状态数据等。实际工作中，可综合使用传感器采集、设备接口采集、人工录入等方法，确保数据高质量、全面、准确。

（5）构建基于大数据的决策支持系统

构建基于大数据的决策支持系统，能够为管理层提供全面、准确的数据支持。决策支持系统可以整合供应链与数据链的信息，帮助企业进行科学决策。通过分析市场需求、生产能力、物料库存等数据，企业可以制订最优的生产计划和供应链管理策略。

此外，依托数据可视化技术，可以将复杂的数据分析结果以直观、易懂的形式呈现给决策者。比如，合理运用色彩搭配突出重要信息，提高图表的可读性和美观度。再如，适当添加交互标识，如鼠标悬停提示，优化用户体验并提高其数据分析效率。

(6) 不断优化信息共享和协同决策

通过信息共享和协同决策，企业可以与供应商、客户建立紧密合作关系，优化供应链整体效率。例如，建立供应链协同管理平台，实现订单、库存、物流等信息的实时共享，提高供应链的响应速度和协同能力。

此外，依托物联网技术，可以实现对物流过程的实时跟踪和可视化管理，提高物流效率；通过在运输车辆上安装传感器，可以实时监控货物的位置、状态和环境温度，确保货物安全、准时到达目的地。

4.4 数据资产驱动智能制造业的协同发展

目前,传统制造业面临着巨大的转型压力,智能制造对数据资产的需求越来越迫切,企业需要提高生产效率、降低成本、推出更高质量的产品。

数据资产的优势在于能够为智能制造提供海量的数据资源,通过对这些数据资源进行挖掘和分析,企业可以及时发现制造规律和问题,为高效生产提供决策支持。

工业 4.0 时代,智能制造离不开工业大数据——数据分析对设备管理而言十分重要,是及时解析故障、问题和缺陷的强大助力,每年能为企业节省非常可观的成本。

因此,数据资产驱动智能制造对产业发展而言是至关重要的,有助于提高制造业的智能化水平,推动制造业的转型、升级,增强产业竞争力,实现从规模化生产向个性化生产的转型,满足消费者对个性化、定制化产品和快速交付的需求。

4.4.1 数据资产驱动智能制造的过程

建立完善的数据资产管理体系,是实现数据资产驱动智能制造业协同发展的基础。

首先,明确数据资产的定义和范围,对企业内的数据进行全面盘点,确定哪些数据可以被视为资产,进行管理。

其次,制定数据资产的管理规范,包括数据采集、存储、处理、共享等环节,确保数据准确、完整。例如,可以借鉴 DAMA 数据治理体系和 DCMM 数据管理能力成熟度评估模型,建立能够满足企业需求的数据资产管理体系。

再次，确保数据的准确、完整，这是数据资产价值的重要保障。企业需要采取一系列措施，明确计量目标和范围，选择合适的计量方法，收集并整理相关数据。比如，明确历史成本法、公允价值法、重置成本法、收益现值法等计量方法的使用特点和优势，以便根据数据资产的性质和特点进行合理选择。再如，建立健全数据质量管控机制，对数据进行实时监测和调整，及时发现、纠正数据中的错误和偏差。

最后，加强数据资产的安全保护。随着数据资产价值的不断提高，数据安全问题日益凸显。企业可以从技术、管理、法律等多个层面入手，采取综合性强的安全措施，比如，在技术层面，使用加密、访问控制、数据备份与恢复、网络安全防护、数据脱敏等技术手段，确保数据资产的安全——使用 AES 对称加密算法对数据进行加密存储，使用 RSA 非对称加密算法对密钥进行加密传输，能确保只有授权用户才有资格访问和解密数据。再如，在管理、法律层面，建立数据安全管理制度和应急响应机制，加强人员安全管理，完善数据安全审计；同时，对员工进行数据安全培训，签订保密协议，明确双方在数据安全方面的责任和义务。

4.4.2 数据资产驱动智能制造的要点

如今，数据资产驱动智能制造的发展非常迅速，无论是在理论层面，还是在技术应用层面，堪称日新月异。在这种情况下，很多工作需要根据企业的实际需求进行及时更新。总结要点如下。

（1）人工智能与机器学习的深度融合

人工智能技术不断进步，依托深度学习、神经网络等技术，可以实现智能制造过程中的自动化、智能化决策，这将成为发展趋势。例如，在产品质量检测方面，依托人工智能的表面质量检测技术，检测将更加精准、高效，能够及时发现产品缺陷，提高产品质量。

(2) 工业大数据的价值挖掘

工业大数据正日益成为智能制造的核心资源,对其进行深度挖掘和分析将为企业发展提供巨大的助力。未来,企业应更加重视数据的实时性和多元性,通过整合库存记录、交易记录、财务记录、文本信息、图像数据等多类型数据,使用先进的分析工具,努力拥有新的洞见,为决策提供更加准确的依据。

(3) 云边协同的广泛应用

云边协同正日益成为生产工业智能应用产品的重要技术路线。一方面,企业能够将强大的云端业务能力延伸到边缘节点,实现传感器、设备、应用集成、图像处理的协同;另一方面,行业将同时在云端与边缘节点发力,"云边结合"打造行业的工业大脑——算法升级在云端完成,边缘节点主要负责数据的采集和预处理,提高数据处理的效率和实时性。

(4) 协作机器人的主流化

人机协作正日益成为工业生产的重要模式,协作机器人将成为工业机器人的主流研制方向。协作机器人具有安全、灵活、易于编程等特点,能够与人类协同工作,提高生产效率和质量。未来,协作机器人的应用会逐步普及,涉及汽车制造、电子制造、医疗设备制造等多个领域。

只有正确地认识当下、把握未来,我们才能将数据资产与智能制造紧密结合,助力效率提高与价值创造。

4.5 数据资产与智能制造软件的融合开发

在大数据时代,数据资产已成为企业的核心资产之一,而对智能制造软件开发而言,数据资产不仅是开发基础,还是进一步创新与发展的关键动力。

智能制造软件开发的背后有海量数据的支撑,包括生产线上的设备运行数据、产品质量数据、供应链数据等。这些数据,一方面为软件提供着实时的生产状态信息,推动实现软件对生产过程的精准监控和优化,另一方面可用于训练机器学习算法,提高软件的智能化水平,实现自动化决策、预测性维护等。

4.5.1 数据资产与智能制造软件的融合

数据资产与智能制造软件的融合,主要体现在如下 3 个方面。

首先,数据资产可以为智能制造软件提供丰富的数据源,使其更好地满足企业的实际需求。

其次,智能制造软件可以对数据资产进行有效的管理和利用,将数据转化为有价值的信息和决策支持,提高企业的生产效率和市场竞争力。

最后,两者的融合会促进企业的数字化转型,实现生产过程的智能化、个性化和网络化,推动企业向更高层次发展。

目前,国内的新能源汽车生产几乎都使用了数据资产与智能制造软件融合的模式,实现了生产效率的大幅提高和生产成本的显著降低。

使用传感器收集设备的运行状态数据后,使用智能制造软件进行实时分析和处理,及时发现潜在故障,预防生产中断——这是典型的数据资产与智能制造软件融合的模式。

4.5.2 数据资产与智能制造软件融合开发的原则

对智能制造软件来说，融合数据资产进行开发，必须严格遵循如图 4-2 所示的原则。

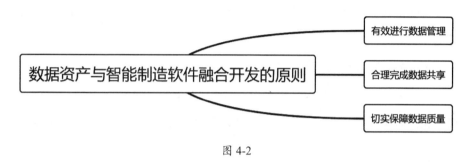

图 4-2

对以上原则详细介绍如下。

（1）有效进行数据管理

在智能制造软件的开发过程中，数据管理至关重要。通过对智能化领域的数据进行有效的管理，可以大大降低开发者的数据使用难度。具体而言，企业要广泛收集来自不同生产环节、不同设备，以及不同业务流程的数据，进行整合和分类，形成具有代表性的通用数据集。以汽车制造行业为例，企业可以对不同车型的汽车的生产数据、质量检测数据、供应链数据进行整合和分类，为开发者提供全面的参考数据集。

与此同时，建立模型算法库是必不可少的。将经过验证的数据分析模型、机器学习算法等整理入库后，开发者可以根据具体需求，快速调用、调整这些模型、算法，提高开发效率。

据统计，使用有通用数据集和模型算法库的智能制造软件开发项目，开发周期可以缩短 30% 以上。

（2）合理完成数据共享

通过明确数据的关联关系，可以实现数据集和模型的共享，提高数据的复用效率。在不同的制造企业中共享某些通用的生产数据模型，如设备运行效率模型、产品质量预测模型,不仅可以减少重复开发的成本,还可以促进整个行业的技术进步。

为了实现数据共享,各行业可以积极建设数据共享平台。在数据共享平台上,相关企业既可以上传自己的数据资源,又可以下载其他企业共享的数据资源。注意,推动数据共享的前提是完善严格的数据共享规则和安全机制,确保数据安全、无泄露。

(3)切实保障数据质量

数据质量是数据资产与智能制造软件融合开发中的关键指标。进行数据资产与智能制造软件融合开发时,企业要关注数据的完整性、规范性等指标,明确校验规则,保证数据有效。

针对数据的完整性,企业可以通过完成数据采集的完整性检查、完善数据存储的备份机制等,确保数据不丢失、不遗漏。

在数据规范性方面,企业要制定统一的数据格式标准、编码规范等,使不同来源的数据能够得到统一处理。例如,针对产品质量数据,企业可以明确统一的检测指标和数据格式,方便进行数据比较和分析。此外,企业要完善严格的校验规则,对数据进行实时监测和校验,以便及时发现、纠正错误数据。

总之,数据资产与智能制造软件的融合开发是一个值得深入探索的领域。只有通过不断创新和实践,充分明确数据资产的价值,推动智能制造软件的开发向更高水平迈进,企业才能真正享受科技红利。

05 数据资产与智慧农业
CHAPTER

在农业领域,数据资产如同春日甘霖,悄然渗透。

数字资产如何与智慧农业共生共长?我们应该怎样借助数据产品链打破农业生产与消费的壁垒?本章,我们深入探讨数据资产如何助力农业生产模式的创新、如何助力农业抗风险能力的提高等问题。

5.1 数据资产与智慧农业共生

如今，农业进入"智慧时代"，开始与大数据、数字科技进行越来越广泛的结合。这意味着数据资产在农业领域有着越来越深入的应用。

事实上，农业公司对数据资产的应用的探索，世界上早有先例。加拿大智慧农业公司 Pinnacle Food 很早就通过建立北美大数据中心实现了对垂直农业生态系统的全面监测、数据采集和智能分析，大幅提高了生产效率，并通过跟踪货物流动、合理预测需求、简化物流过程，构建了更高效、更安全的数字化农业供应链。

在中国，伴随着数据资产的重要性越来越高，国家出台了一系列政策，大力推动智慧农业的发展，积极促进数据资产与农业的结合。近年来，中央陆续发布了多个关于农村工作的"一号文件"，多次提及"精准农业""智慧农业"等关键词，例如，2022 年，中央网信办、农业农村部等 10 个部门联合印发了《数字乡村发展行动计划（2022—2025 年）》，明确提出了加快推动智慧农业发展的"智慧农业创新发展行动"。

此外，各省市积极贯彻落实中共中央、国务院各项工作部署，相继出台了数字乡村发展政策文件，为智慧农业与数据资产的结合提供了有力的政策支持。例如，浙江省提出到 2025 年建成电子商务专业村 2200 个；辽宁省提出到 2025 年农村互联网普及率超过 80%。这些文件的出台，为智慧农业与数据资产的深度结合营造了良好的政策环境。

由此可见，智慧农业与数据资产结合的未来非常广阔。

5.1.1 数据资产与智慧农业结合的案例

如今，有多家农业机构在数据资产与智慧农业结合方面起到了示范表率作用，以重庆的伏羲农场为例。

伏羲农场搭建了西南地区首个丘陵地貌智能农机创新平台，以数据为核心，构建了智慧农业体系。园区内，第三代智能农机依托多种传感终端，对土壤、环境和作业情况进行了实时把握，并将数据传输至中央控制平台，实现了对农业生产的全面感知和精准控制。

实际工作中，伏羲农场集成了耕地四级网格技术、农业大数据分析技术、基于人工智能大模型的水稻种植决策体系和第三代智能农机装备执行技术，有效提高了农业生产效率、资源利用效率和环境可持续性，例如，通过对土壤状况、气候变化等数据进行采集和分析，制订了更科学的种植方案和管理策略，实现了精准整地、精量播种、变量施肥、变量灌溉、变量施药等，并通过对关键环节进行精准管控，实现了农业生产全产业链的节本增效。

再举一个例子，主角是德州财金集团旗下的智慧农业公司。

2024年，德州财金集团旗下的智慧农业公司的"玻璃温室番茄生产数据集"数据资产圆满完成入表工作，成为德州市的首个数据资产入表案例，也是全国农业行业的入表首例。具体而言，该农业公司依托室内设备监测数据、灌溉监测数据等数万条数据，进行了充分的分级、分类治理开发，形成了有助于标准化、高质量生产的"玻璃温室番茄生产数据集"，并成功入表。这次数据资产入表，对德州财金集团进一步加快数字化转型、提高核心竞争力、完善财务报表具有重要意义，不仅能加速其数据资产化进程，还能有效提高其企业信用评级，帮助其拓宽融资渠道、提高融资能力。

5.1.2 数据资产助推智慧农业发展的作用

在积极推进数据资产与智慧农业结合的过程中，农业公司应重点关注如图5-1所示的数据资产的作用。

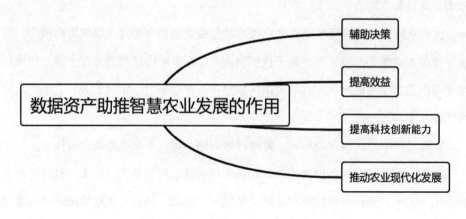

图 5-1

对以上作用详细介绍如下。

(1) 辅助决策

数据资产在辅助农业决策方面起着关键作用。通过对土壤、气候、作物生长情况等多维度数据进行收集和分析，决策者能够全面、准确地把握农业生产的整体情况。

比如，依托土壤数据，可以确定合理的作物种植方案和施肥方案。再如，结合气候数据，可以做好灾害预防。据统计，在数据资产的辅助下进行决策，农业生产决策的准确率可提高 30% 以上。

(2) 提高效益

通过数据挖掘和分析，数据资产能辅助实现农业资源的最大化利用，显著提高经济效益。具体而言，在数据资产的辅助下，农业公司和农户可以更加准确地了解市场需求和价格波动趋势，合理调整种植结构，优化生产要素的配置。与此同时，根据市场需求合理分配土地、肥料等资源，农业公司可以规避资源浪费和供需失衡，实现对农业资源的高效利用，缓解资源紧张问题，提高经济效益。

(3) 提高科技创新能力

数据资产能辅助提高农业科技创新能力。通过对农业数据进行深度挖掘和分析，农业科研人员更容易发现新的农业技术、种植方法和作物品种。例如，通过分析土壤成分和作物生长规律，农业科研人员能研发更适合特定土壤的新型肥料和种植技术。此外，对数据资产进行充分开发与应用，不仅有助于提高农业生产的科技含量和附加值，还有助于提高农业生产的经济效益和社会效益。

（4）推动农业现代化发展

数据资产在农业现代化进程中发挥着不可替代的作用。以数据驱动的方式推进农业生产的智能化、精细化、高效化，有助于更快地实现农业现代化的目标。比如，依托物联网技术和大数据分析，可以实现农业生产的自动化控制和智能化管理，提高生产效率和生产质量。再如，依托对土壤状况、气候变化等数据的分析进行精准施肥、灌溉、病虫害防治，可以减少资源浪费和环境污染。

由此可见，充分开发与应用数据资产，可以为农业的可持续发展奠定坚实的基础。

5.2 农业数据产品链的完善

在智慧农业中,农业数据产品链是核心,连接生产端与消费端——海量的数据支撑着这一产品链的运转。从农业生产的源头到最终消费环节,通过收集、分析和应用数据,这一产品链不仅为农业生产提供着精准的决策支持,还满足着消费者对农产品质量和安全的需求。

未来,农业数据产品链会成为中国农业现代化发展的核心。

5.2.1 农业数据产品链的完善意义

对生产端而言,精准的数据能够帮助农业公司和农户优化种植、养殖方案,提高农业生产效率。比如,使用传感器收集土壤状况、气候变化等数据,可以科学地确定播种时间、施肥量和灌溉频率,减少资源浪费,降低生产成本。再如,依托农业数据产品链,可以实现对农产品生长过程的实时监控,及时发现病虫害等问题,采取有效的防治措施,确保农产品的产量和质量。又如,通过分析消费端数据,农业公司和农户可以更全面地了解市场需求,调整生产策略,生产出更符合消费者口味的农产品,实现供需的精准对接。

对消费端而言,精准的数据能够满足消费者对农产品的品质、安全和可追溯性的要求。具体而言,农业数据产品链可以为消费者提供详细的农产品信息,包括产地、种植过程、农药残留检测结果等,提高消费者对农产品的信任度。

总之,农业数据产品链的完善对提高农业生产效率、保障农产品质量、满足消费者需求,以及推动农业可持续发展具有不可忽视的重要意义。

5.2.2 农业数据产品链的技术支持

农业数据产品链的背后有智慧技术的支持，智慧技术主要分为感知层、传输层和应用层。

感知层主要依托传感器、无人机等设备获取数据，如土壤湿度、气温、光照、pH 值。例如，使用 Arduino 控制土壤湿度传感器，实时监测土壤湿度，能为农业公司和农户提供精准的土壤湿度信息，帮助农业公司和农户确定最佳的灌溉时间和水量。

传输层的作用是将感知层获取的数据通过网络传输到云端或本地服务器，常用的通信方式包括 Wi-Fi、NB-IoT 等。例如，依托 MQTT 协议将温度和湿度数据发送到指定位置，能够确保数据的及时传输和共享。

应用层要根据前两层的数据分析结果，提供决策支持，即为农业公司和农户提供指导和建议，包括灌溉计划、施肥方案等。例如，系统会高效判断土壤湿度，如果低于 30%，立刻启动灌溉系统，实现精准灌溉，极大地提高农业生产效率。

有了这样的技术支持，农业数据产品链才能正常运转。

5.2.3 农业数据产品链的完善现状

技术层面上，是相关农业平台的运筹帷幄。

以昆企数字农业全产业链平台为例。该平台围绕云南高原特色产业，以花卉、中药材、肉牛为切入点进行数据收集、分析与生产指导。

在农业生产前端，该平台先支持农业公司和农户统一安装传感器等物联网设施、设备，再将相关设施、设备接入平台，收集、分析数据并形成有效的辅助决策模型或指导意见。例如，在花卉产业小程序上，作物生长情况、水肥情况、环控情况等多维数据一目了然。

在农业生产后端，该平台对种、采、加工、包装、储运等全产业链流程实施把控，高效协同管理各环节，实现降本增效。

与此同时，该平台连接生产端与需求端，重塑供需对接体系，缩短传统销售链条，提高产业价值，直接回馈农业公司和农户。

再举一个例子，主角是电商巨头拼多多。

拼多多将农业数据产品链打通到了消费端，其举办的"多多农研科技大赛"极具创新意义——一边是由国内顶尖青年科学家组成的专家队伍，依托人工智能及算法，远程人工控制或自动控制草莓的生长；另一边是由顶尖农人组成的农人队伍，凭借丰富的园艺种植经验进行基质栽培，探索国际前沿的数字农业科技并推行本地化应用，为农业生产提供技术支持。

此外，拼多多还提出了"最初一公里"战略，聚焦生产端改造，通过支持农货团队深入农产区，建立起覆盖全国的农产品上行"地网"，与此同时，建立"天网"，即"农货中央处理系统"，使供需充分对接成为可能。通过相关努力，拼多多收集、分析了海量的农产品数据，针对不同地区制订不同种植方案，提高了农业亩产值。

通过了解以上探索过程，可以发现，农业数据产品链有着广阔的发展前景和巨大的发展潜力，将持续推动农业现代化进程、提高农产品质量、促进农业公司和农户增收，为农业可持续发展注入强大动力。

在推动农业现代化方面，随着数字技术的不断进步和应用，农业数据产品链将越来越完善和高效——传感器将更加精准地收集土壤状况、气候变化、作物生长等多维度数据，为农业生产提供更科学的决策依据；机器学习算法将不断优化，更准确地预测病虫害情况、市场需求等，提高农业生产的稳定性和适应性；数字平台将更全面地整合农业生产的各环节资源，实现全流程智能化管理，提高农业生产的效率和质量。

5.3 数据资产助力农业生产模式的创新

对智慧农业来说,数据资产的应用还对生产模式产生了冲击。

以德州财金集团旗下智慧农业公司的"玻璃温室番茄生产数据集"数据资产为例,其数据来源于近 5 年的室内气象监测、室内设备监测、灌溉监测等,共有 60 万余条,种类丰富多样,涵盖气象数据、设备数据、灌溉数据、土壤数据等。

依托这些数据,相关农业公司和农户能够制订更科学、合理的农业生产计划和管理措施,根据数据分析结果及时调整种植结构,实现农业资源的最大化利用,推动农业生产的智能化和现代化进程。

5.3.1 数据资产助力农业生产具体方式的创新

目前,数据资产对农业生产具体方式的创新的助力影响主要集中在如图 5-2 所示的 3 个方面。

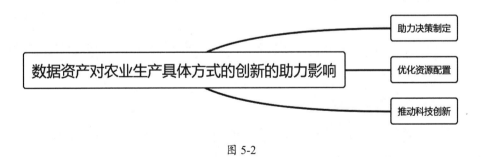

图 5-2

对以上影响详细介绍如下。

(1) 助力决策制定

数据资产在助力决策制定方面发挥着重要作用。通过对土壤状况、气候变化、作物生长等多维度数据进行收集与分析,数据资产能够为农业生产决策提供精准的科学依据。比如,土壤状况数据能够帮助决策者准确了解土壤的肥力、酸碱度等信息,从而确定适宜种植的作物种类及施肥方案。再如,气候变化数据能够帮助决策者预测气候变化,合理安排农事活动。

(2)优化资源配置

数据资产能够帮助农业公司和农户精准了解市场需求,实现资源的最大化利用。具体而言,通过对市场交易数据进行收集与分析,农业公司和农户可以更全面地把握农产品的价格波动趋势,合理调整种植结构,同时结合土壤状况、气候变化等数据,为不同地区、不同作物进行资源的精准配置。例如,数据分析系统发现某地区的某种农产品的市场需求较大,且该地区的土壤和气候条件适宜种植相关作物时,农业公司和农户可以加大对相关作物的种植投入。

(3)推动科技创新

通过对海量的农业数据进行深度挖掘和分析,农业科研人员更容易发现新的农业技术、种植方法和作物品种。例如,通过分析不同种植条件下作物的生长表现,总结、优化出更高效的种植模式。

5.3.2 数据资产助力农业生产模式创新的案例

目前,已经有不少企业在针对农业生产模式进行创新,其中,极飞科技与华为的创新成果最为成熟。

(1)极飞智慧农业系统

极飞智慧农业系统包括农业生产数字基础设施、智能精准农机和智慧农业生产操作系统,涉及农业生产的耕、种、管、收全过程。

极飞智慧农业系统的应用成绩很亮眼,比如,在新疆的"超级棉田"项目中,两位"90后"种植者使用极飞科技的农业智能化设备,成功打理3000余亩棉田;再如,"极侠"无人机在高清地图导航系统的支持下,实现施肥/打药定时、定点、定类、定量，让每一株棉花都能得到精心照顾，与此同时，药肥成本降为原先的一半左右、打药效率提高一倍，且没有传统拖拉机作业时压坏棉花成株的损失；又如，使用"极侠"无人机对棉田进行数字化测绘，结合极飞智慧农业系统，工作人员能够高效完成基本苗和病虫害识别、产量预测，以及作物长势分析，帮助农业公司和农户进行以数据为驱动的生产管理决策，构建无人化农业生态系统。

目前，极飞智慧农业科技产品不仅被应用于国内棉花种植等多项工作，还走出国门，被引入全球42个国家和地区，累计服务超过900万农户。

(2) 华为数字农业农村智能体

华为数字农业农村智能体紧扣农业农村的发展需求，从机器视觉、智能终端、边缘计算、云平台、数字能源等方面入手，对接数字农业农村业务，能够实现端到端全场景整体方案设计，打造成本可控、好用易用的场景化方案。

在2020世界数字农业大会上，华为数字农业农村智能体入选"数字农业十大创新案例"。由此可见，华为把现代科技应用在农业上，为农业农村建设赋能赋智，重塑着乡村发展格局。

虽然有成果，但不可否认的是，目前，创新型农业生产模式依然存在着一些不足，主要是农业从业人员的数据相关能力有待提高，比如数据采集能力、分析能力、应用能力。

随着对农业从业人员的培训和教育不断加强、相关主体的数据素养和技能水平不断提高，数据资产在农业生产中的应用前景会更加广阔。

5.4 数据资产助力农业抗风险能力的提高

数据资产助力农业抗风险能力的提高,既离不开政策层面的重视和支持,又需要做好实践层面的完善和拓展。

5.4.1 政策层面的重视和支持

随着数字经济的快速发展,数据资产在农业领域的应用越来越深入,且越来越受到国家的重视。比如,国家数据局等17个部门联合印发《"数据要素×"三年行动计划(2024—2026年)》,明确将现代农业纳入重点行动领域,旨在提升农业生产数智化水平、提高农产品追溯管理能力等。再如,财政部印发《关于加强数据资产管理的指导意见》,为数据资产在农业领域的应用提供了具体的方向和规范。

这些文件、政策,对农业抗风险能力提出了更高的要求。目前,中国农业正在逐步脱离"靠天吃饭"的状态,越来越"可控"了,抗风险能力在迅速提高。

5.4.2 实践层面的完善和拓展

想进一步借助数据资产提高农业抗风险能力,农业数据主题库的建立和完善非常重要。

(1)农业数据主题库的价值

农业数据主题库既是农业大数据的基础,又是农业智能化的基石。未来,基于农业数据主题库,会有众多农业算法和大数据应用诞生。统一分类存储农业数据,有助于数据使用者清晰地了解农业产业的发展状况。

例如，通过对种植统计数据进行分析，农业公司和农户可以掌握不同农作物的种植面积、产量等信息，更合理地进行农业产业规划。

此外，农业数据主题库能为农业监管和应急管理提供有力支持，堪称农业领域的"智慧大脑"。

（2）农业数据主题库的分类

建立农业数据主题库，建议分国家级、省级、市级等不同层级，做到层次清晰、内部数据共享。

农业数据主题库内的信息应该是多种多样的，例如，农业自然资源信息包括耕地数据、土地性质、地理位置等信息，来源于自然资源局；土壤数据为单独的一类信息；农业气象信息应整合众多涉农气象，满足不同时间和区域的数据分析需求；农业土地资源信息包括畜牧养殖场分布、农田分布等信息；农业国有资源信息主要为国有农场的分布情况；乡村振兴信息包括乡村产业情况、居民居住情况等信息。此外，还有农机、科技、市场、经营、人才、资金等信息。

对这些数据信息进行汇总、分类、共享，能够显著提高农业抗风险能力。

在农业领域，结合数据资产提高抗风险能力，还有很多实例。

以甘肃省陇南市为例。甘肃省陇南市成立大数据局，利用地方电商平台的数据，构建了陇南电商数据分析应用系统，同时，陇南市知识产权局牵头建立健全数据产权占有、使用机制，为数据产权交易、开发和利用提供便利，促进了多方共赢。

此外，甘肃省陇南市的大数据局建立健全了农村生活数据开发机制，引导企业、社会组织、志愿者广泛参与，低成本开发、使用数据，将数据变成促进人才服务乡村的价值实现工具，并与文旅部门合作，加大对数据化乡村生态景观的宣传、推介，不仅弘扬了乡村文化、保护了古村落，还以旅游市场为轴，撬动了更多生态景观数据资产价值的实现。

这样的立体化、综合化现代农业模式，不仅能显著提高农业抗风险能力，还能有力促进经济发展。

06 数据资产与商贸流通
CHAPTER

如何应用数据资产为国家和企业积累财富？怎样推动零售与反向定制，形成独特的商业生态圈？

本章，我们深入了解数据资产是如何在资源配置、品牌打造、供应链优化等多个方面大放异彩的，以及数据资产是如何催生新的消费形态的。

6.1 商贸数据是国家、企业的宝贵资产

将数据资产比作"石油",意味着它对企业,乃至国家而言极其重要。商贸数据,如今尤为宝贵。

6.1.1 商贸数据对国家而言的重要性

对国家而言,进出口数据是衡量经济发展水平的重要指标。通过分析进出口数据,可以了解相关国家的经济实力、产业结构等多方面信息。

数据显示,2017 年,中国的数字贸易(含跨境电商和数字服务)出口约 1.6 万亿元,在政策支持下,2030 年,该规模有望达到 5 万亿元,这背后的商贸数据能极有力地促进经济增长、拓展产业链、助力国际交流与合作。

具体而言,商贸数据对国家的重要性体现在如下 4 个方面。

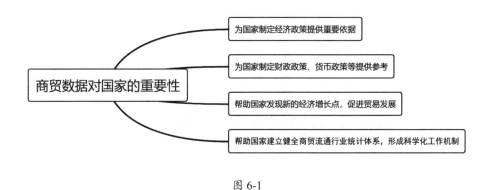

图 6-1

对以上重要性详细介绍如下。

（1）为国家制定经济政策提供重要依据

例如，对进出口货物的种类、数量、价格、国别等数据进行全面统计和综合分析，能够帮助国家全面、准确地了解对外贸易的情况，从而有针对性地调整产业政策、优化资源配置、促进优势产业发展、扶持新兴产业崛起。

（2）为国家制定财政政策、货币政策等提供参考

例如，通过分析贸易顺差或逆差情况，国家可以调整汇率政策、税收政策等，维持经济的稳定发展。

（3）帮助国家发现新的经济增长点，促进贸易发展

例如，通过分析商贸数据反映的市场需求和趋势，国家可以适时引导企业调整生产策略和经营策略、提高产品质量和服务质量，以更好地满足消费者需求。

（4）帮助国家建立健全商贸流通行业统计体系，形成科学化工作机制

科学化工作机制，是各级商务主管部门与统计部门、各街镇和企业协调联动的工作机制。以宁夏回族自治区石嘴山市大武口区为例，设立商贸流通领域的统计监测站后，工作人员积极发挥街道社区的"神经末梢"作用，在日常工作中，经常进入企业了解情况，并及时进行数据反馈，让政府更加清楚地了解各企业的经营情况，对政策制定、活动开展等工作提供着有力支持。

数据显示，2020年，我国可数字化交付的服务贸易规模达2947.6亿美元，占服务贸易总额的44.5%——数字贸易对减少服务贸易总体逆差、提高我国服务贸易竞争力起着重要作用。

6.1.2 商贸数据对企业而言的重要性

对企业，甚至个体而言，商贸数据同样非常重要。

以传统商贸批发企业为例。一方面，依托数字营销一体化系统，能够实现商品在线、客户在线、业务员在线，让每一个行为产生的数据都可视化、都为企业决策提供依据；另一方面，全面分析海量的外贸数据（超25亿海关数据、1.2亿企业数

据、超 2 亿企业联系人数据，覆盖全球 230 余个国家和地区），能够帮助企业发现新的市场机会、了解市场需求和趋势、进行竞争对手分析、快速找到目标客户、高效实现客户背调、全面掌握市场行情、降低运营风险。

在企业内部效率的提高方面，商贸数据的作用极大。比如，使用云进销存 ERP 软件系统，能够实现精细化仓储管理，提高订单处理效率——商品入库时，系统会将商品分配入合理的区域、货架，甚至货位；销售订单产生后，仓库拣货员可以根据系统提示，快速找到商品，提高订单处理效率。再如，通过语音读取商品名称、货号等关键信息进行录单，或者通过 PDA 扫码快速录入商品信息，能够提高信息录入效率。又如，使用客户自助下单订货功能，一方面可以提高业务员的上门抄单效率，另一方面便于客户随时随地地了解企业的产品及价格信息，提高订单获取效率。总之，通过使用数字化管理工具实现业务数据化，可以提高运营效率、降低运营成本。

这一切的背后，都是数据资产在起作用。注意，这些数据资产不局限于国内，有的中国外贸企业已经在使用社交媒体分析、客户调研和反馈等方法，深入了解海外客户的需求和意见，发现潜在的市场机会了。

例如，通过分析客户在社交媒体上的评论和留言，企业可以了解客户对产品的需求和不满之处，从而开发能够更好地满足市场需求的产品；通过使用 A/B 测试等方法比较不同销售策略或产品特点对销售数据的影响，企业能够不断优化销售策略、扩大销售范围、增加销售收益。

未来，商贸数据会发挥更大的作用。应对这一趋势，一方面，国家和企业应该共同努力，加强数据管理和使用，推动经济持续健康发展；另一方面，各商贸主体应关注国际合作，不断扩展商贸数据应用空间，真正做好"走出去"工作。

6.2 数据资产助推反向定制

如今,传统零售模式面临诸多挑战,不尽快转型为数据资产模式,很有可能遭遇前所未有的压力。2024年各大商超的"闭店潮",就是这种强大压力的现实表现。

6.2.1 传统零售模式的运行弊端

传统零售模式的运行弊端有很多,比如,掌握的数据有限,仅能通过销售量、单品销售额等少量交易数据了解消费者行为,难以全面洞察消费者偏好、购买习惯和使用反馈,易导致营销策略和产品布局与实际需求脱节,无法及时响应市场变化。再如,营销策略单一,多使用降价、打折等传统手段进行营销,缺乏创意和个性,难以调动目标消费者的消费意愿。又如,在顾客关系管理方面,多依赖人工记录和维护,缺乏系统化、自动化支持,难以收集、整合海量的顾客信息,进行深入的顾客消费习惯洞察和个性化沟通。

在这种情况下,传统零售模式应该如何结合数据资产进行高效升级与改造呢?

6.2.2 传统零售模式与数据资产的结合

传统零售模式与数据资产结合的关键一步是"反向定制"。反向定制的核心是改变传统零售思路,一方面将定价权从供应商向零售商转移,另一方面推动消费者的消费习惯从"商家有什么就被动买什么"向"需要什么就要求商家卖什么"变化。

在童装领域,目前,很多企业会主动利用大数据分析消费者对童装的款式、颜色、材质的需求，接受反向定制，努力优化自己的口碑。

例如，某童装品牌通过对大数据进行分析，发现家长对孩子的穿着舒适度和安全性极为关注，于是在生产过程中，不仅选择了更为柔软的纯棉材质的面料，还重点加强了对童装的质量检测。这种接受反向定制的行为，不仅能够满足消费者的实际需求，还能够降低库存风险，规避盲目生产导致的库存积压。

在化妆品领域，同样如此。

例如，某化妆品品牌通过对大数据进行分析，明确了不同年龄段消费者对护肤品的差异化需求，为青年消费者定制了清爽型的护肤品套装，主打保湿和控油；为中年消费者定制了抗老型的护肤品套装，主打抗皱和紧致，完美对应着不同年龄段消费者的护肤痛点。

以上都是根据客户需求进行反向定制的实例，共同点是以客户需求为主导，而非以研发人员的喜好、臆想为主导。

反向定制，不仅体现在产品生产模式上，还体现在商业模式和服务模式上。比如，一些零售企业推出了订阅式服务，根据消费者的个性化需求，定期为消费者提供定制产品和定制服务。此举不仅能够提高消费者的忠诚度和满意度，还能够为企业带来稳定的利润。

此外，反向定制还能促进零售行业与其他行业的融合、创新。比如，零售企业与科技企业合作，依托人工智能、大数据等技术进行产品定制和营销推广，能够提高行业的整体竞争力。

6.2.3 C2M 反向定制供应链

我们可以以京东为例，研究 C2M 生态圈的建立。

京东是将传统零售模式与数据资产高效结合的典范。通过对消费者的购物数据进行分析，京东从家电、3C 产品入手，在取得初步成功后，逐步扩大范围，直至全面覆盖化妆品、食品、饮料等日常小物。

在这个过程中,数据资产所起的作用是优化供应链管理,提高C2M反向定制能力——企业可以根据消费者的个性化需求,精准地安排生产,提高商品的个性化程度。比如,在服装销售方面,京东会依托大数据,对消费者的身材情况、时尚偏好等数据进行采集、分析,并将数据反馈给相关企业,建议其进行生产调整,生产出更能满足消费者需求的服装。

正因为京东充分挖掘了数据资产的价值,实现了供应链的可视化管理,做到了实时监控原材料供应、生产、物流、配送等环节,提高了供应链的稳定性和可靠性,所以京东能够在新零售时代站稳脚跟,成为行业的龙头。

京东打造的是典型的"C2M反向定制供应链",即平台与厂商合作组织产销的新零售模式。

具体而言,京东C2M智能制造平台以消费者为中心、用消费者需求驱动生产,从消费端的用户需求和市场趋势出发,反推产品设计、产能投放、产品流通等各环节,让制造者精准对话消费者,实现"以销定产""按需生产",从而大幅缩短新品研发周期,提高新品存活率,降低周转成本和库存风险。

目前,京东已为超过1200家制造企业打造了C2M反向定制供应链。例如,不少手机品牌增设了"长辈智能模式",背后有京东数据资产的功劳——京东基于大数据优势和C2M核心能力,为手机厂商提供了相关数据,帮助其对老年人智能手机的功能和应用进行深度定制,增加了远程协助、在线问诊等特色功能,并内置京东健康"急速问诊"服务,为老年人的健康提供了更多保障。

以京东为例研究C2M生态圈的建立,我们可以发现,数据资产的共享和反向定制是至关重要的。未来,销售企业应与供应商、生产商建立更加紧密的合作关系,共同推动产业发展,通过开放平台和共享数据,吸引更多的合作伙伴参与构建零售新生态,不断优化互利共赢、可持续发展的零售生态系统。

6.3 数据资产助推营销资源配置优化

在商业领域，营销资源配置是关键行为之一。目前，数据资产可以通过深度融入生产、分配、流通、消费等环节，成为推动经济发展的关键要素之一。

《中国金融》明确提到，数据资产化通过激活数据要素的金融属性，有助于充分释放数据要素的潜在价值，为实体经济持续发展注入新的活力。相关实例有很多，比如，2024 年，A 股上市公司一季度的季报中，有 23 家公司将数据资产纳入资产负债表，涉及金额达 14.77 亿元。这展示了数据资产在企业财务表现中的重要性，说明企业愿意将数据相关支出资产化，以优化财务表现。

接下来，我们针对不同的行业进行具体分析，看看数据资产是如何优化营销资源配置的。

6.3.1 零售行业

以某连锁超市为例。

首先，通过对顾客的购买行为进行深入分析，超市能够精准地掌握顾客的购物偏好、消费习惯、购买频率等关键数据，基于这些数据，超市可以有针对性地调整商品的陈列、货架的布局，将关联性强的商品摆放在相邻位置，以提高顾客的购买便利性和冲动性消费的可能性。

其次，根据不同时间段的销售数据，超市可以合理安排库存，确保热门商品始终充足供应，避免缺货现象的出现。

最后，通过使用会员系统收集顾客信息，超市可以适时开展个性化促销活动，向特定顾客群体推送他们感兴趣的商品的优惠券和折扣信息，以提高销售额和顾客满意度。

6.3.2 金融行业

以某银行为例。

首先,通过收集和分析客户的财务状况、交易记录、风险偏好等数据,银行可以为客户提供个性化的理财规划和投资建议,并根据不同客户的收入水平、资产规模和风险承受能力,定制多款理财产品组合。

其次,通过对市场趋势和宏观经济数据进行分析,银行可以及时调整投资策略,为客户提供更具竞争力的投资方案。

最后,通过进行客户行为分析,银行可以预测客户的金融需求,如贷款需求、信用卡申请需求,主动为客户介绍相关的金融服务,提高客户的满意度和相关金融产品的销量。

6.3.3 医疗行业

以某医疗机构为例。

首先,通过对大量的病历数据进行分析,医疗机构可以建立更加精准的诊疗模型。

其次,通过对不同患者的症状表现、检查结果、治疗方案等数据进行分析,医生可以更好地了解疾病的发展规律和治疗效果,进而制订更加个性化的治疗方案。

再次,通过对患者的就医数据进行全面分析,医疗机构可以优化医疗资源配置、提高医疗效率、降低医疗成本——根据患者的就诊时间和就诊科室分布,医疗机构可以优化医生的排班情况、调配医疗设备的投入,减少患者的等待时间。

最后,通过海量的医疗数据的共享,医疗机构可以进行疾病预测和预防,提前识别高风险人群，甚至提前采取相应的干预措施，降低疾病的发生率。

6.3.4 电子商务行业

以某电商平台为例。

一方面，通过分析用户的浏览历史、购买记录、搜索关键词等行为数据，电商平台可以为用户推荐个性化的商品和优惠活动。比如，用户浏览某商品时，电商平台可以根据用户的兴趣爱好和购买记录，为其推荐相关商品、搭配商品，提高用户的购买率。

另一方面，依托大数据完成市场趋势分析后，电商平台可以及时调整商品种类和库存，满足用户的购买需求。

6.3.5 教育行业

以某学校为例。

首先，通过分析学生的学习行为和学习成绩，老师可以更好地识别学生的特长，优化教学策略。

其次，通过分析学生的学习进度、答题情况和错题分布情况，老师可以更准确地判断学生的知识掌握程度，更有针对性地对学生进行辅导，甚至进行教学调整。

再次，通过对海量的线上、线下学习资源进行分析，学校可以为学生提供个性化的学习资料和辅导课程，提高学生的学习效率和学习成绩。

最后，通过对学生的综合素质评价数据进行分析，学校可以组织开展个性化的教育、培养活动，挖掘学生的潜力，提高学生的创新能力和综合素质。

总之，数据资产对营销资源配置的影响是全方位的、立体化的，甚至有融合化的特点。比如，零售行业和金融行业可以通过数据共享，对客户画像进行精准化处理，为客户提供更加个性化的服务。再如，政府、企业和社会组织加强数据合作与共享，能够共同推动社会治理和公共服务的优化。

未来的企业，一定是数字化、数据化的企业，因此，我们有责任加强对数据资产的管理和应用，不断推动数据资产的创新发展，为中国的商业环境优化、经济发展贡献自己的力量。

6.4 数据资产助推品牌打造

对任何一家企业来说，品牌打造都是重中之重。那么，数据资产是如何助推品牌打造的呢？

6.4.1 企业数据资产的组成

企业的数据资产是组织所拥有或控制的，具有明确业务价值，可带来经济利益，能够记录在资产负债表上的数据，包括账号资产、内容资产、声量资产等，涉及多个维度，偶有交叉。

下面以伊利为例，对企业的账号资产、内容资产、声量资产进行详细介绍。

(1) 账号资产

企业的社交平台账号是企业数据资产的重要组成部分，其关注、互动数据能够体现对应品牌在各大平台上的覆盖程度，以及消费者链接力的强弱程度。

伊利在几乎所有社交平台上拥有优质的账号，它们是伊利对外发声的"阵地"。通过认证与否、活跃度的高低、粉丝数量的多少，可综合评估得出各账号的BDA值（商业数据分析），反映伊利与消费者及利益相关方的链接紧密程度。

(2) 内容资产

内容资产，指品牌提供给消费者进行决策参考的信息，其优质程度与相关信息的丰富程度成正比。

伊利使用自己的社交平台账号发布的内容有微视频、图片、文字等多种形式，涉及企业消息、产品信息、食品新闻等多个主题。根据内容所在的媒体或平台的权重、内容互动量、影响力的大小等，可综合评估得出BDA值，判断伊利的内容资产的优质程度。

(3) 声量资产

声量资产,指消费者与品牌有效链接的质量和强度。

伊利的声量资产包括粉丝数量、内容评论量/转发量/点赞量/阅读量、商品购买量/评论量等,能够体现伊利在市场上的影响力和受关注程度。

6.4.2 企业数据资产对品牌的影响

通过对伊利的数据资产进行简析,我们可以看到企业的数据资产对品牌的影响。

(1) 更加关注相关要素的全方位融合

品牌不再仅关注产品本身,而是全面关注产品、内容、渠道、组织、数据等相关要素的全方位融合,如图6-2所示。

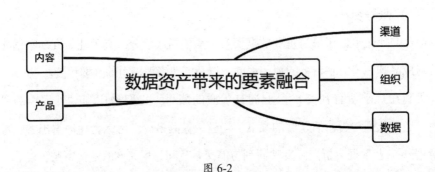

图 6-2

注意,目前,除了提供产品的使用价值,品牌还需要用心地通过内容资产提供社交价值和娱乐价值。

(2) 更加重视消费者的全渠道体验

数字化转型的主战场在线上,但不可因此过于忽视消费者的线下体验。全渠道触达消费者,能够产生更大的交易金额。

全渠道触达的挑战在于如何在将线下世界数字化的同时妥善保护消费者的隐私。换句话说,现代科技的发展程度允许我们对线下的人、货、场等元素进行数字化,但在数字化过程中，我们需要全面考量目标人群的敏感度，避免过度识别个人信息。

通过全渠道触达，品牌可以为消费者提供更加个性化的触达互动服务。

（3）着手围绕消费者构建全新运营模式

如今，数字化已经深入渗透零售行业的方方面面，越来越多的品牌在着手围绕消费者构建全新的运营模式。作为品牌接触消费者的基本阵地和重要触点，大量的门店和导购正在进行数字化转型，这是值得我们关注的变化。

微盟智慧零售相关数据显示，2020年至2022年，零售品牌的云店数量年复合增长率达65.4%，云上活跃导购数量年复合增长率达57.9%；2022年，老客客单价是新客客单价的5.3倍。由此可见，数字化能够助力零售品牌提高内部管理效率与顾客黏性，使复购成为品牌的重要业绩来源。

（4）优化内容以进一步提升品牌影响力

在信息爆炸的时代，品牌的影响力提升不再主要依赖传统的广告宣传，而是更多地依赖高质量的内容资产建设。

首先，品牌需要明确自身的定位与核心价值，创作更具针对性的内容，并保持各平台内容的一致。

其次，品牌需要进行多元化、高质量的内容创作，结合图文、视频、音频等多种媒介，用故事讲述、知识分享、用户互动等多元方式展现品牌魅力。

最后，品牌需要持续更新与优化内容资产，紧跟时代潮流，关注行业动态，通过时常进行数据分析，及时了解传播效果与受众反馈，不断优化内容质量、扩充传播渠道。

由此可见，如今，品牌与消费者的互动方式有显著的改变。通过深度开发、应用数据资产，品牌可以更加精准地了解消费者需求、实现个性化沟通、提供个性化服务、加强双方的情感链接，并结合产品、内容、渠道等多方面的优势，开展全链路营销。

可以预见，未来，拥有高质量数据资产的品牌会更具竞争优势。产品依然是品牌立于不败之地的核心，但是数据资产的价值越来越高、不可轻视。

6.5 数据资产与供应链管理

供应链，指生产及流通过程中，涉及将产品或服务提供给最终用户的上游与下游企业所形成的网链结构。供应链上有供应商、制造商、分销商、零售商、物流等多个环节，每个环节都会产生、使用大量的数据。因此，想做好供应链管理，必须关注数据资产。

6.5.1 数据资产对供应链管理的助力

首先，数据资产在预测市场需求和供应链变化方面发挥着重要作用。比如，通过对历史数据进行分析，企业可以发现市场需求的周期性、季节性变化规律。再如，通过对过去几年的销售数据进行分析，企业可以预测特定产品在不同季节的需求，从而及时调整生产计划和库存管理策略。又如，通过对客户数据进行分析，企业可以深入了解客户需求和偏好，为产品设计方向的确定和市场推广策略的制定提供依据。

其次，数据资产能够推动供应链可视化的实现。依托物联网技术，企业可以实时采集物流数据、库存数据、生产数据等，对这些数据进行整合、分析，即可构建全面的供应链视图。根据供应链视图，企业能够清晰地了解供应链各环节的运行情况，及时发现潜在的问题和瓶颈。例如，通过实时监控库存水平、物流运输状态等关键指标，企业可以及时调整生产计划和物流配送策略，确保供应链的顺畅运行。

最后，数据资产能够促进供应链各方的协同与优化。一方面，通过共享数据资源，供应链各方可以更加深入地了解彼此的需求和能力，实现资源的优化配置和协同作业。例如，供应商可以根据零售商的销售数据和库存水平，合理安排生产节奏和交货时间，提高供应链运行效率。另一方面，通过依托数据资产进行供应链优化，企业可以更加合理地规划物流路径、降低物流成本、提高物流效率。

6.5.2 数据资产与供应链管理结合的挑战

想实现数据资产与供应链管理的结合，并不是一件容易的事。如图 6-3 所示，这 3 个挑战是企业应该特别重视的。

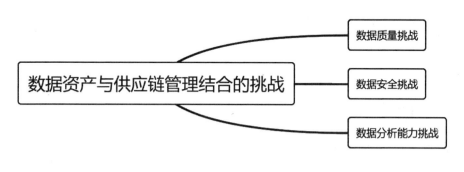

图 6-3

对数据资产与供应链管理结合的挑战详细介绍如下。

（1）数据质量挑战

因为供应链环节众多，不同环节的数据格式、标准可能不一致，所以数据质量难以保证，这是数据资产与供应链管理结合时必须面对的一大挑战。

例如，在物流环节中，不同的运输公司可能会使用不同的数据记录方法记录数据，使得物流数据的准确性和完整性不好判断；在数据传递过程中，不同水平的工作人员可能会犯不同的错误，导致数据质量进一步降低。

（2）数据安全挑战

与供应链相关的数据通常包含大量的商业机密、个人信息，如客户订单信息、供应商价格信息，一旦泄露，很可能对企业或个人造成重大损失。随着网络攻击手段的不断翻新，供应链数据安全是数据资产与供应链管理结合时必须面对的挑战之一。

国外已有相关实例：勒索软件的攻击导致企业的关键数据被加密，无法正常调取、使用，从而影响了供应链的正常运行。

因为供应链涉及多个参与方，数据需要在不同参与方之间传输、共享，所以数据安全的保障难度极大。可以说，如何保障数据安全是目前数据资产应用过程中的最大难题。

（3）数据分析能力挑战

供应链数据的复杂性、多样性特点突出，数据分析的难度极大。

针对这一点，一方面，企业需要聘用专业的数据分析人才对数据进行深入挖掘和分析，以提取有价值的信息；另一方面，企业需要为数据分析人才提供先进的技术和分析工具，支持其处理海量的数据。

但目前的情况是，市场上的数据分析人才处于短缺状态，企业难以聘用到合格的相关人才，且部分企业的技术投入力度不足，无法提供先进的技术和分析工具，导致数据利用率较低。

以上3个挑战是客观存在、无法忽视的，但是，我们不能因噎废食，选择拒绝推动数据资产与供应链管理的结合。

据统计，目前，全球数据量正以每年超过20%的速度增长，非结构数据的占比在不断攀升。这意味着企业可以收集和分析越来越多的类型的数据了，如传感器数据、图像数据、视频数据，更全面地了解供应链的运行状况。例如，通过对物流车辆上的传感器数据进行分析，企业可以实时监控车辆的位置、速度、油耗等，优化物流路线、降低运输成本。

因此，想要获得持续发展，不被时代淘汰，任何一家企业，无论身处哪个行业，都应该积极应对挑战，不断提高数据管理和分析能力，以实现供应链的高效运作和持续优化。

6.6 数据资产租赁

伴随着数据资产应用的不断普及,数据资产租赁出现了。

所谓数据资产租赁,指在约定的时间内,数据的所有者应用其持有的数据资产完成数据的租赁者提出的特定计算任务,最终,数据的租赁者获得计算结果,数据的所有者获取租金的行为。

6.6.1 数据资产租赁的特点

与传统租赁相比,数据资产租赁有如图 6-4 所示的 3 个突出特点。

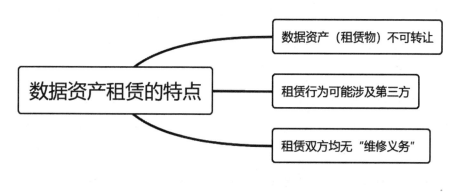

图 6-4

对以上 3 个突出特点详细介绍如下。

首先,在传统租赁中,租赁物可以在一段时间内直接转让给租赁者;在数据资产租赁中,因为数据的复制成本几乎为零,且其涉及的隐私信息受法律保护,所以数据所有者不可直接转让数据资产,只能通过完成租赁者提出的特定计算任务获取收益。

其次,在传统租赁中,租赁行为只涉及出租人和承租人两方;在数据资产租赁中，租赁行为会涉及数据所有者、租赁者和可能存在的第三方，如数据处理服务提供商。

最后，在传统租赁中，一般由出租人承担租赁物的维修义务；在数据资产租赁中，数据所有者和租赁者应共同对计算过程进行监督，确保交易按约定流程进行，双方都没有传统意义上的"维修义务"。

6.6.2 数据资产租赁的优势

数据资产租赁的主要优势为成本优势、可拓展优势和稳定优势。

（1）成本优势

自建数据中心不仅需要投入大量的资金用于硬件设备购买、场地建设、运维人员招聘等，还需要投入一定的人力进行安装、配置、维护和管理服务器主机、存储设备、网络设备等。而租赁数据资产，如租用云服务器的数据存储服务，只需要先根据实际需求选择合适的服务器规格和存储容量，再按照使用时间和空间进行付费。

例如，阿里云服务器提供了多种计费选项，包括包年、包月、按量付费等。针对短期项目或资源需求波动较大的项目，企业可以选择按量付费，即根据实际使用的资源量进行计费，每小时结算一次，既能避免资源浪费，又能控制前期投入。针对长期项目或资源需求稳定的项目，企业可以选择包年、包月，享受较低的单价和更多的优惠，既能节省资金，又能根据实际需求进行灵活调整，降低经营风险。

（2）可拓展优势

云服务器基于虚拟化技术，通过分配虚拟机的资源实现对数据的存储和处理。与传统的物理服务器相比，使用云服务器，可以通过控制虚拟机，更便捷地进行动态扩展和缩减，根据实际需求调整存储空间的大小。

举个例子，若企业的数据存储需求在短期内有迅速增长，云服务器可以在几分钟内完成对存储空间的扩展，满足企业的需求。而且，无论是短期的数据存储需求,还是长期的资源扩展需求,云服务器都能够满足。

简言之,传统的物理服务器和存储系统对容量、性能,以及资源扩展有较大的限制,云服务器和云存储没有相关限制。

(3) 稳定优势

使用云服务器可以频繁、便捷地进行数据备份和存储,即使遇到服务器故障或者数据损坏的情况,也能够及时恢复数据,数据丢失的风险较小。

此外,绝大多数云服务器供应商会为用户提供高可靠性、高稳定性的硬件设备,以及 24 小时的技术支持和监控,能够更稳妥地保证数据存储和处理的正常运行。

6.6.3 数据资产租赁的应用

数据资产租赁的出现,让企业的数据资产管理、应用成本大大降低,与此同时,稳定性有所提高。电商、零售等行业对数据资产租赁的应用较早、较深入,如今,这种应用已经进入智慧农业领域。

在乡村振兴战略的实施背景下,数据资产在推动智慧农业的发展方面起着关键作用。比如,构建全流程业务数据存储平台和物联网数据采集平台后,农业公司和农户不仅可以精准定位租赁物的所在地、实时监测作业状态及生产效益等情况,还可以在遵循合法利用原则与最小化原则的前提下采集外部数据,为科技创新提供数据支持。

如今,使用成熟的农业数据资产租赁平台,可以通过完成统一的数据整合、清洗、计算、存储、服务,打破跨组织信息壁垒,为数据驱动精准决策提供全方位的技术支持。比如,构建农机客户全景视图,可以结合公司内部的客户历史合作数据和公司外部的征信数据、司法数据等,形成多维度标签体系,指导农机营销策略的制定和产品设计的方向。再如,建立立体的客户分类体系,多维度挖掘、分析客户的合作实力、合作信用,可以实现对客户和渠道的分层管理,为提供个性化产品 /

服务、提高业务转化率打基础。

如此体量的数据挖掘与分析，在过去是难以想象的，它不仅能够提高农业公司的生产效率，还能够为农业公司的市场拓展、融资提供诸多便利。

此外，伴随着各大科技公司的相关技术不断升级、迭代，如今，数据资产租赁的费用在不断降低，且云服务器已不再受地域限制，其中的数据支持随时随地地访问与管理，对分布在不同地区的企业和组织来说，这是一大利好。

因此，对企业来说，如果自建数据资产库的资金和能力不足，尝试进行数据资产租赁也是一个不错的选择。

6.7 数据资产催生新消费形态

新消费形态是什么？是在经济发展和科技进步的推动下，不断涌现的新型消费方式和理念。比如，直播经济让直播销售的边界不断外延，刺激了线上消费的进一步发展。再如，国潮消费掀起了推崇国货的风潮，推动着本土品牌的崛起。又如，盲盒消费成为年轻人追求刺激与惊喜的新玩法，为营销策划提供着新思路。

这些消费形态都属于新消费形态，在新消费形态的背后，数据资产的作用不可小觑。

一方面，数据资产为新消费形态的出现提供了信息支持。通过对消费者的消费数据进行分析，企业可以更好地了解消费者的需求，精准推送产品和服务，提高消费者满意度。例如，电子商务企业可以通过对订单数量、类型、分布等数据进行分析，主动对接生产企业、产业集群，加强个性化生产，打造特色品牌。

另一方面，新消费形态为数据资产的价值实现提供了新途径。消费者购买产品，会同步带来数据资产的增加，这些资产的变现，使消费成为一种投资。

6.7.1 数据资产与新消费形态的结合

新消费形态的出现，伴随着大量新业态、新职业的出现，为消费场景带来了丰富的变化，以美团平台为例。

在美团平台上，体验类的生活服务新业态多达数十个，既包括室内萌宠互动、宠物摄影、电影酒店等传统业态融合新内容后重焕活力的新业态，又包括极限体验、小众爱好体验等重度垂直的体验类新业态，此外，还有近些年引起广泛关注的医疗健康类新业态。这些新业态的出现，不仅能够满足消费者的不同细分需求，还能够助力消费能力的提高，衍生更加多元的消费场景，如智慧超市、线上消费。这些新业态的背后,有太多直播技术、人工智能技术、无人配送技术等先进技术的应用,数据资产几乎无处不在。

接下来看看数据资产与新消费形态结合为各行业带来的变化,以美业行业为例。

传统的美业行业消费模式是消费者到店后,由美容师接待,美容师需要通过完成简单的沟通,给消费者提供消费建议。这种消费模式最大的缺点是个性化不足,美容师很难完全理解消费者的需求,若沟通不畅,消费者与美容师之间极易出现矛盾,严重时甚至会波及品牌的口碑。

随着数据资产的大范围应用,如今,美业行业的数字化经营越来越普遍。在新消费模式中,消费者可以在到店前使用APP线上注册会员并填写需求、想法等,美容师获取消费者的意向后,有更多的时间进行调查、分析、服务策划,比如,通过分析客户的浏览历史、消费记录等数据,了解客户对哪些美容项目感兴趣,以便见面时有针对性地进行推荐和介绍;再如,通过对自己的特长和消费者的需求进行匹配,有的放矢地精准联系匹配度高的消费者,大幅提高成交率。

此外,使用数字化经营系统有利于美业企业的经营者更好地经营自己的企业——经营者可以一键调取店内各项活动的盈亏表,为门店精细化管理、产品进销管理、奖金管理、员工培训管理、成本控制管理等管理工作提供数据参考。

目前,很多大型连锁美业企业已经在用"软件+硬件+大数据"的形式赋能门店了。将美业门店的一切业务数字化、一切数字业务化,能够帮助美业企业的经营者们更快地实现"开赚钱的店,开更多的店,拥有更好的口碑"的目标。

在数据资产的应用为各行业带去正向发展力量的同时,我们需要注意到,各行业的新消费形态同时对数据资产提出了更高的要求,反向促进数据资产的进一步完善。

6.7.2 新消费形态对数据资产提出的要求

具体而言,新消费形态对数据资产提出的要求如下。

(1) 给予更精准的决策支持

优质的数据资产能够为企业的决策提供更精准的支持——精准抓取、收集、整理、分析高质量的消费者行为数据、偏好数据，帮助企业更准确地把握市场趋势和消费者需求，制定更具针对性的产品生产策略和营销策略。

例如，通过精准抓取、收集、整理、分析不同年龄段消费者的行为数据和偏好数据，帮助企业推出能够更好地满足特定年龄段需求的产品，对应消费者的个性化需求。

(2) 给予更全面的优化依据

优质的数据资产能够为企业不断完善、优化业务流程提供支持——全面抓取、收集、整理、分析高质量的销售数据、库存数据，帮助企业及时发现业务瓶颈和问题，调整运营策略，提高生产、销售效率和客户满意度。

例如，某零售企业通过全面抓取、收集、整理、分析销售数据、库存数据，发现部分门店的库存周转率较低，及时优化库存管理和配送流程后，该零售企业的库存周转率得以提高，客户的等待时间大幅缩短，客户体验有所好转，获得了不错的口碑。

(3) 给予更有力的创新支撑

优质的数据资产能够帮助企业更及时、主动地发现新的商业机会和创新点——对海量的市场数据进行深度挖掘和分析，为企业的产品研发、市场营销和服务创新提供有力支撑。

例如，对海量的市场数据进行深度挖掘和分析，帮助企业洞察消费者的潜在需求，抢先创新生产，开拓新的市场。

可以说，数据资产的广泛应用推动了消费关系的变革，使消费者不仅是产品的购买者，还可以参与产品的设计、生产。

在这样的大环境中，企业必须积极拥抱数据资产，将数据资产应用到各业务场景中，助力企业实现智能化运营和决策、引领消费新趋势！

07 数据资产与交通运输

CHAPTER

在庞大的交通运输网络中,数据资产如同隐形的丝线,悄然编织着智能化的未来。

数据资产是如何为智能交通注入动力的?怎样在多式联运中实现数据共享、互认?在智能汽车商业化和相关管理中,数据资产会发挥怎样的作用?本章,我们详细了解数据资产与交通运输的关系。

7.1 数据助推智能交通

如今，随着城市化的不断加速、交通工具的不断增加，越来越多的城市遇到了交通拥堵、事故率高等问题。如何解决这些问题？数据化的智能交通越来越受到重视。

数据显示，截至 2023 年 9 月，我国超过 3500 公里的公路完成了智能化升级改造，高等级航道电子航道图覆盖率超过 70%。其中，部分城市的智能交通发展得非常迅速。

以北京为例，北京构建了以"一个中心、三个平台"为核心的智能交通管理系统架构，通过高度集成各类应用子系统，形成了集指挥调度、综合监测、信息服务于一体的现代化交通管理体系，显著提高了交通管理实战能力。

杭州也是一个很好的例子，杭州建设了"一个中心、三个系统"，其中，"一个中心"为交通指挥中心，"三个系统"分别为交通管理信息系统、交通控制系统、交通工程类信息系统。

智能交通飞速发展的背后，是数据在支撑。智能交通整体框架包括物理感知层、软件应用平台、分析预测及优化管理应用，其中，物理感知层主要用于对交通状况等交通数据进行感知、采集；软件应用平台主要用于对采集到的数据进行整合、处理；分析预测及优化管理应用主要用于对相关数据进行分析，辅助决策。

举个例子，如今，智能红绿灯系统的使用已非常普遍，该系统的工作原理是依托计算机视觉技术，通过在路口部署人工智能摄像头与边缘计算设备实时监测车流量、排队长度等数据，随后使用相关数据在边缘侧完成对单个路口信号灯配时的即时处理、调整，并通过自适应控制算法实现多路口协同优化，提高整体路网通行效率。

如果没有数据，类似的智能系统都将成为空中楼阁。

7.1.1 交通数据的采集、处理与使用

交通数据的采集、处理与使用需要依托大量的新技术，接下来，我们分别进行了解。

（1）交通数据的采集

交通数据的采集是交通智能化的基础，依托传感器、图像识别、卫星定位等技术，可以实现多维度的数据采集。

目前，在智能交通领域，有很多类型的传感器可使用，包括压力传感器、温度传感器、湿度传感器、流量传感器等。依托传感器技术，可高效采集交通数据、显著提高交通管理水平。具体而言，依托传感器技术采集到数据后，可使用无线或有线的方法将数据传输至数据处理中心，用于实时监测交通状况、预测拥堵程度、评估道路安全等级等。

依托图像识别技术，可以通过在城市常规道路杆件上安装视频检测设备，实现基于视频的车辆检测。如今，相关设备已支持同时对 3～4 个车道进行车流量、平均速度、车头时距、车头间距、车道时间占有率、车道空间占有率、车辆排队长度、车辆分类、交通状态等检测。

依托卫星定位技术，可以借助 GPS 卫星信号，实现高精度定位和导航。具体而言，使用车载 GPS 设备或移动终端实时采集车辆位置、速度等交通数据后，可以将这些数据用于实时交通导航、车辆调度、路径规划等。

（2）交通数据的处理

采集到海量的数据后，需要对数据进行存储、清洗、整合等处理。

在数据存储方面，可使用分布式存储、云存储、磁带存储等方式。具体而言，分布式存储是将数据分散存储在多个节点上，提高数据存储的可靠性和可扩展性；云存储是依托云计算技术将数据存储在云端，实现数据共享和远程访问；磁带存储适用于大量数据的长期存储和备份。

(3) 交通数据的使用

采集并处理数据后，即可高效地使用数据。高效地使用交通数据能够显著提高交通管理效率，简单介绍如下。

首先，交通管理部门（以下简称交管部门）可以实时掌握道路交通流量，优化交通信号灯配时，缓解交通拥堵。以前文介绍过的智能红绿灯系统为例，该系统可以使用相关数据，一方面在边缘侧完成对单个路口信号灯配时的即时处理、调整，另一方面通过自适应控制算法实现多路口协同优化，提高整体路网通行效率。

其次，交管部门可以明确道路使用频率，合理规划公共交通工具的行驶路线，优化道路资源分配。

最后，交管部门可以实时监测道路状况，及时发现交通事故和交通违法行为，迅速采取处理措施。

除了显著提高交通管理效率，在个人出行方面，交通数据也有用武之地。比如，使用高精度地图和传感器数据，私家车司机可以明确周边车辆的实时位置，提高行驶安全系数，实现智能化出行。

7.1.2 智能交通的数据来源

交管部门是如何获取海量数据的？主要通过芯片、车联网，以及各类出行软件。

（1）芯片

芯片相关技术的进步为智能交通系统的建立与完善提供了强大的数据处理支持。

在智能交通领域，芯片广泛应用于各种传感器、控制器、通信设备，助力相关设备对交通数据进行实时采集、处理和传输。例如，车载芯片可以实时采集车辆的位置、速度、行驶状态等数据，并将这些数据传输至交通管理中心，为交管部门提供管理、决策依据。

芯片相关技术的不断进步推动着智能交通系统性能的不断优化，未来，智能交通系统应该能够处理越来越复杂的交通数据、承担越来越艰巨的辅助管理任务。

（2）车联网

车联网技术是智能交通的关键支持技术之一，而车联网是智能交通网的重要数据来源。因为车联网是5G在智能网联汽车领域的主要应用载体之一，所以随着5G技术的迅猛发展，车联网的发展与完善持续获得强力推动。

在实际应用中，车联网主要通过支持车辆与道路基础设施、其他车辆，以及数据处理中心进行信息交换和通信，实现对交通状况的实时监测和数据共享。车辆依托车联网技术实时获取路况信息、交通信号灯状态、周边车辆位置等数据后，能够为驾驶员提供更加准确的导航和驾驶建议；交管部门依托车联网技术获得全面的交通数据后，能够及时优化交通信号、合理分配交通流量等，提高管理、决策的效率和正确性。

（3）出行软件

在数据获取方面，除了芯片与车联网，各种出行软件也起着重要的作用，比如，智能公交软件、共享出行软件都可以采集、处理大量的用户出行数据，为优化公共交通服务、提高用户出行效率提供数据支持。

未来，随着相关技术的不断进步，交通数据会得到进一步挖掘与使用，智能交通一定能为人们的出行提供更加便捷、舒适、安全的体验。

7.2 多式联运中的数据共享

多式联运是高效的货物运输方式之一，整合了公路、铁路、水路、航空等多种运输模式，能够通过签署单一的运输合同，实现货物从起点到终点的无缝转运。

目前，多式联运已经成为国际物流手段的重要组成部分。在大数据时代，多式联运经历了积极的变革，变革核心在于"数据共享"。

7.2.1 多式联运中的数据共享现状及意义

数据显示，2021年，全国港口完成集装箱铁水联运量687.2万标箱，同比增长29.6%（"十三五"期间年均增长23%）。

虽然数据方面有着令人喜悦的增长，但不可忽视的问题是存在的：数据共享程度有限。具体而言，其一，相关企业的信息开放程度参差不齐；其二，"信息孤岛""数据断链"等现象普遍存在。

此外，基础设施衔接不足、规则/标准协调不足等问题也制约着我国多式联运水平的提高。例如，北美最大的枢纽城市芝加哥有28个占地1000亩以上的多式联运枢纽，而我国仍以运输方式单一的物流园区为主要物流转运点，规模化、专业化的多式联运枢纽寥寥无几。

数据共享，对推动多式联运水平的提高而言是至关重要的。

首先，数据共享可以大幅提高多式联运的效率。共享货运寄递数据、运单数据、结算数据、保险数据、货运跟踪数据等，可以打破信息壁垒，使用"托运人一次委托、费用一次结算、货物一次保险、多式联运经营人全程负责"的高效服务模式，既提高物流效率，又为托运人提供便利。

其次，数据共享可以显著优化多式联运的运输路线和调度计划。充分共享的数据有着更高的实时性、准确性、完整性，能够帮助相关物流企业调整运输路线、提供优质服务、提高客户的信任度和满意度。

最后，在承接国际商贸业务方面，数据共享的好处更多——建立数据共享平台，实现不同运输企业、物流企业，以及海关等相关部门之间的数据互通、互认、共享，有助于企业更精准地把握物流用时、更从容地组织市场推广活动。

7.2.2 多式联运中的数据共享案例

目前，在数据共享方面，浙江四港联动发展有限公司走在行业前列。

一方面，该公司着力打造了智慧物流云平台，先后整合、打通了政务、班轮、码头、货代等 100 多个系统，汇集海运、空运、陆运、口岸等各类物流数据超 1.1 万条，且对接各类物流数据超 1000 万条。

另一方面，该公司通过打通系统间的数据壁垒，构建了大数据底座，形成了物流数据存储、交换、共享、应用、开放的核心枢纽，打造了"一地汇聚，全省共享"的一体化智能物流公共数据平台。

依托高效的数据共享，该公司在服务方面取得了亮眼的成绩——不仅集成货、箱、车、船、空、铁、驳、仓、关、港等 10 大数据域，重塑了数据交互标准，重构了系统操作流程，重造了应用场景功能，实现了多式联运物流全程跟踪、路径优选，还通过提供从订舱到港口出运的"一站式"全流程数据服务，完善了海、陆、空多种联运方式融合的数字化物流运输体系，大幅提高了物流服务效率。

相关案例很多，大家可以通过互联网自行查找。对数据共享水平高的多式联运的优势加以总结，我们至少可以列出以下 4 点。

其一，显著降低物流成本（减少信息不透明导致的额外支出）。例如，中老泰多式联运"一单制"模式有效降低物流成本 30%。

其二，大幅提高结算效率、降低交易成本。例如，某多式联运平台通过综合结算数据和保险数据，将结算时间从 3 天缩短为 1 天，为托运人提供着更加快速、便捷的服务。

其三，明显推动区域经济的高速发展。例如，通过利用交通优势提高物流的通达性和时效性，2022 年，河南省社会物流总额达 18.8 万亿元，稳居中部第一，其多式联运成果成为亮丽的"中原名片"。

其四，有效带动周边产业的崛起。例如，带动仓储等周边产业崛起，不仅能够创造更多的就业机会，还能够进一步推动经济发展。

既然数据共享水平高的多式联运能够如此强力地推动经济发展，那么，接下来我们应该怎么做呢？

当务之急是着力推广多式联运新技术、新模式，推动多式联运中的数据共享全面实现。例如，重庆市通过打造具备线上签发、流转、提货、质押融资等功能的铁路多式联运提单数字化平台，解决了铁路运输中物权凭证缺失、物流及单据信息不透明等难点、痛点，成为发展多式联运的表率。

除了着力推广多式联运新技术、新模式，政府部门的政策完善也很重要。例如，2022 年，交通运输部联合国家标准化管理委员会印发《交通运输智慧物流标准体系建设指南》，为交通数据的互认、共享提供政策支持。

在相关政策的指导下，多式联运的数据共享水平必将越来越高！

7.3 数据资产助推物流提质增效

物流的核心，一为速度，二为质量，即保证货物在规定时间内完好无损地送达目的地。

数据资产如何助推物流提质增效？关键是助推供应链可视化的实现。具体而言，通过实时收集、分析各环节数据，物流企业可以构建全面的供应链视图，实时监控运营状况，及时发现并解决瓶颈问题，提高供应链的透明度和可控性。

对物流企业而言，在运营过程中收集到的整车物流货物数据、整车物流运输数据等，能够对干线运输起重要的支撑作用，大幅提高物流的安全性。

总之，数据资产助推物流提质增效的表现主要有以下3点。

7.3.1 完成智能数据分析与管理

首先，依托大数据技术和先进的分析平台，通过实时监控，物流企业可以对物流运输状况进行全方位追踪。从装箱到卸货，每一个环节，都能通过整合运输车辆、集装箱等各运输主体、运输工具的数据，深入了解潜在风险，提前采取措施，确保货物安全。

例如，当集装箱内的温度或湿度超出设定范围时，实时监控智能预警系统会立即提醒相关人员采取措施，防止货物受损。

其次，依托人工智能技术，物流企业可以高效识别潜在风险，如自然灾害、设备故障，做好风险预测工作。

例如，基于已有的运输数据建立风险预测模型后，企业能够在运输开始前对运输风险进行评估，制定合理的应对策略，做到未雨绸缪，降低意外事件发生的可能性。

最后，在智能管理方面，依托智能集装箱定位技术，物流企业可以制订高精度的货物跟踪解决方案，提高管理效率与管理质量。

以鲲鹏·远见系列广域定位器为例。该定位器专为干式集装箱设计，支持集装箱位置与货物状态的实时可视，能够通过完成远程信息处理与智能数据分析，提高决策的科学性、时效性。

7.3.2 完成数字化控货与确权

在确保货物安全和货权清晰方面，数字化技术起着越来越重要的作用。

以货权管理为例。如今，部分物流企业已经开始为货物权利人提供货权管理解决方案，包括建立详细的货权档案、记录货权全生命周期内容、支持现场取证和多方数据采集、实现司法采信存证等。

这种针对货权进行精准数据统计的行为，能够有效降低物流过程中的货权风险，提高货权管理效率。

7.3.3 提高大宗物流的效率和安全性

应用数据资产，物流企业可以有效提高大宗物流的效率和安全性。

一方面，疏通从交易到仓储、物流的所有环节，打通大宗供应链的各业务模块。具体而言，要依托数字化供应链管理平台，实现磅房、场站、运输途中扣吨扣款等信息的实时同步，确保数据无法被篡改，提高财务结算的效率和准确性。

另一方面，实现对大宗货物运输全程的可视化监控，确保货物安全，避免非正常货物损耗。具体而言，要实时跟踪运输过程，准确掌握货物情况，通过协调各环节资源、减少中转节点、降低仓储占用率，显著提高大宗物流的效率。

如此完成大宗物流管理工作，不仅能确保电子合同、电子发票等票据的齐全、准确，还能通过链接上下游企业，提高对大宗物流的供应链的控制能力，不断优化全链条解决方案、服务体系。

如今，技术进步还在不断助力物流的提质增效。以区块链技术为例，区块链的去中心化、不可篡改、可追溯等特性，可用于高效解决物流行业中的数据信任问题。依托区块链技术，可以建立安全、透明的物流数据共享平台，实现物流信息的全程追溯和共享，如此一来，在货物运输过程中，各环节的信息都可以被准确记录，货主、承运商、仓储服务商等各方均可以实时查看货物的状态和位置，确保货物的安全。

想要实现上述设想，必须加快各物流参与方之间的数据协同，推动数据资产在物流安全方面的应用。具体而言，货主、承运商、仓储服务商等各物流参与方应该积极助力数据共享和合作，不断优化物流安全保障体系；行业协会、政府部门等管理主体应当发挥牵头作用、规范作用，不仅要为物流企业提供足够的技术支持和培训支持，还要加速制定统一的数据标准和规范，促进物流数据资产的有效管理与应用，推动物流行业的数字化转型。

7.4 智能汽车的商业化与数据资产

如今，智能汽车行业持续高速发展，数据资产作为核心支撑之一，为智能汽车商业化奠定着基础。

7.4.1 数据资产对智能汽车用户的影响

如今的智能汽车是一台台"行走的数据库"、一个个"移动的数字节点"——一辆智能汽车，每天可产生 10TB 左右的数据！这些数据，是车企宝贵的数字资产。

智能网联汽车的数据正从曾经的"副产品"华丽转身为"核心资产"，因为这些数据涉及环境感知、场景定位、决策控制等多个关键领域，能在车载高精度地图的感知和修正方面发挥至关重要的作用。例如，在行驶过程中，智能汽车能通过传感器持续收集道路信息、环境信息，不断进行地图的优化、精准化，为驾驶者提供越来越高质量的导航服务。

除了道路信息、环境信息，如今的智能汽车还能记录驾驶人的面貌特征、驾驶习惯、常用路线等，相关技术的进步，无一不在推动智能汽车商业化的进程。

随着数据资产的深度应用、智能技术的飞速进步，智能网联汽车必将重新定义人车关系，从单纯的交通工具转变为移动智能终端、储能单元、数字空间，激发海量的消费需求。

7.4.2 数据资产对智能汽车产业链的影响

数据资产对智能汽车商业化的影响并不局限于汽车消费终端，接下来，我们看看数据资产对完整的智能汽车产业链的影响。

作为新型生产要素，如今，数据资产已成为要素市场化配置的热点。在2023全球工业互联网大会上，工业和信息化部相关负责人公布数据：截至2023年10月，中国数据交易场所已达40家，数据交易市场规模近500亿元。此外，业内专家预测，交通领域固定资产规模已逾1500万亿元，其数据资产化前景可对标金融业。

以广汽埃安新能源汽车股份有限公司（以下简称广汽埃安）为例，我们谈谈数据资产化对汽车企业发展的助力。

一方面，广汽埃安使用先进的传感器和数据采集设备收集了大量的数据，包括车辆在线数、充电指数、节能指数、行驶里程数等，并建立了数据分析平台和智能系统，对这些数据进行深度挖掘和分析，比如，依托车辆数据优化智能驾驶系统，提高自动驾驶性能；再如，依托座舱服务、车主专属服务等服务数据为车主提供个性化的售后服务、维护建议。

另一方面，广汽埃安在工厂内安装大屏，实时展示车辆在线数、充电指数、节能指数等数据，实现数据可视化，帮助员工了解企业运营情况、增强数据分析意识。

以上数据资产化举措给广汽埃安带来了诸多好处，比如产品性能不断优化、市场营销方案不断精准化、运营成本不断降低。未来，如果广汽埃安愿意以这些数据资产为标的进行市场交易，相关数据资产的价值还有进一步提高的空间。

智能网联汽车的核心优势在于数据驱动的技术闭环，行业专家预测，随着智能汽车的逐步普及，我国的智能网联汽车数据资产化将引领交通数据交易平台与机制建设，可能率先形成具有国际影响力的新兴数据市场标杆。

除了对智能汽车用户、智能汽车产业链产生影响，智能汽车数据资产还能与其他工作结合，产生更多影响。比如，智能汽车数据资产与城市治理工作结合，能够帮助管理者实现交通流量的精准预测和优化调度，提高交通管理效率，减少交通拥堵情况的出现。再如，智能汽车数据资产与城市规划、公共安全等工作结合，能够为管理者提供决策支持，推动城市治理的智能化、精细化发展。

由此可见，各大智能汽车品牌的数据资产有着难以估量的商业前景。

从产业创新的角度看，数据资产能为智能汽车产业发展提供核心驱动力。

一方面，通过对海量的数据进行挖掘和分析，汽车企业能够更好地把握用户需求，优化产品设计和功能，提高产品质量和竞争力。

另一方面，对数据资产的应用会促使汽车企业更频繁、更深入地与其他领域的企业、机构合作。比如，汽车企业可以与金融机构合作，通过挖掘与分析用户的驾驶行为数据、车辆使用数据，为用户提供个性化的保险服务和金融产品。

需要注意的是，虽然数据资产能为智能汽车产业发展提供核心驱动力，但是数据资产在智能汽车领域的深度应用依然面临着一些不可忽视的挑战。

其一，数据安全和隐私保护需要被特别关注。随着智能汽车相关数据的不断增加，数据泄露、被滥用的风险在不断提高，因此，汽车企业需要特别关注数据安全和隐私保护，不断建立健全数据安全管理体系。

其二，数据标准和规范的制定不容忽视。若众多汽车企业缺乏统一的数据标准和规范，使用的数据模块各不相同，数据资产的共享、应用是难以实现的，因此，汽车企业需要力促数据标准和规范的制定，以便早日实现数据资产的无障碍共享、应用。

7.5 交通运输管理与大数据

如今,大数据在交通运输管理方面的应用是行业关注的重点,这既与交通数据规模有关,又与交通数据特点有关。

一方面,交通运输管理涉及众多基础设施(车站、码头等)、运输主体(车辆等)、运输客体(乘客等),会产生车辆行驶位置、速度,乘客刷卡频次等大量数据。

另一方面,交通运输管理数据有多样化的特点,既包括结构化数据(如车辆行驶速度、路况信息)、半结构化数据(如乘客刷卡频次),又包括非结构化数据(如社交媒体上的交通事件评论)。

此外,交通运输管理有一个特性:数据实时性。具体而言,交管部门需要实时监测车辆位置数据、了解道路拥堵情况,以便及时调整交通流量、提高交通效率。

因此,大数据在交通运输管理方面的应用是有可能深刻改变行业发展格局的。

7.5.1 交通运输管理的内容

对交通运输管理来说,主要有如图 7-1 所示的 4 项内容。

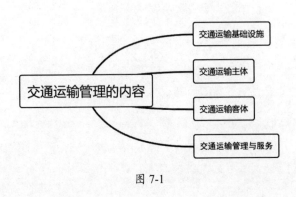

图 7-1

对以上 4 项内容详细介绍如下。

（1）交通运输基础设施

交通运输基础设施指所有与交通运输有关的基础设施，如公路、车站、铁路、水运码头。这些基础设施是交通运输活动得以开展的前提，为交通运输主体提供着运行空间和条件。

（2）交通运输主体

交通运输主体指能够将交通运输客体运输到指定位置的设备，如汽车、火车、飞机、轮船。不同的交通运输主体适用于不同的交通运输场景，能够满足不同的交通运输需求，共同构成多元化的交通运输体系。

（3）交通运输客体

交通运输客体指交通运输的对象，包括出行的人员、托运的货物等。人员的出行需求和货物的流通需求推动着交通运输行业的发展。

（4）交通运输管理与服务

交通运输管理与服务指对交通运输活动进行组织、管理、调度、控制，使交通运输活动能够有序开展的行为。开展交通运输活动、进行交通运输管理与服务时，交通运输基础设施、主体、客体是紧密联系、不可分割的。

以上 4 项内容，对交通运输管理来说是四位一体、缺一不可的。

7.5.2 各地的交通运输管理探索

基于以上 4 项内容，各地探索使用了不同的交通运输管理模式。接下来以广西壮族自治区和福建省福州市的相关探索为例进行介绍。

（1）广西壮族自治区

在主要技术方面，广西交通运输大数据资源管控平台打造了支持多源异构数据采集、存储、计算、共享、安全保障的平台，对数据全生命周期、全流程进行标准化管理，不仅能推动数据治理、提高数据质量，还能实现应用的灵活部署与个性化开发，开展数据的跨层次创新应用探索。

得益于该平台，如今，广西交通运输行业管理部门已经在应用层面积累了超过1.738TB 的数据，支持 150TB 数据的存储、10 亿条 / 日的数据吞吐、10 余万次 / 日的数据交换，适配自治区跨部门横向共享与交通体系纵向共享的标准，能够支撑交通运输部、自治区政府部门层面的横、纵向数据共享、治理与应用。

（2）福建省福州市

福建省福州市将大数据与交通运输管理结合得更加紧密。

福州市公安交通管理大数据主要来自科技前端自动采集、人工采集、行政收集、共享收集和自愿提供，其特点为海量、多样、规范、复杂、高速和保密。在福州市公安交通管理中，大数据技术的实战应用主要为建立交通拥堵评价体系、辅助治堵。

依托大数据 Hadoop 分布式计算技术，目前，福州市的道路通行状态大数据智能研判平台能够整合多源异构数据，实时研判市区道路的拥堵延时指数、信号灯路口的交通强度等，建立福州市交通拥堵评价体系，对市区交通管理态势进行智慧研判。

7.5.3　交通运输管理的大数据应用方向

结合不同省市的交通运输管理探索，我们可以总结、预测，交通运输管理领域的大数据应用会在如图 7-2 所示的 7 个方向上逐步深化。

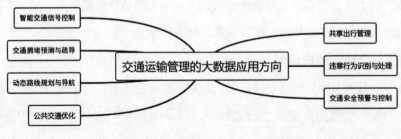

图 7-2

对以上 7 个方向详细介绍如下。

（1）智能交通信号控制

依托大数据技术，交管部门一方面可以对路况、交通流量等数据进行实时监测、分析，动态调整交通信号灯的配时，降低交通拥堵情况的出现频率，提高道路通行效率；另一方面可以根据车辆的行驶区域、行驶速度等数据，对车辆进行智能调度，降低事故风险。

如今，在高峰时段，通过智能交通信号控制，可以减少车辆等待时间约 20%。

（2）交通拥堵预测与疏导

依托大数据技术，辅以对历史数据、实时数据的分析，相关部门和人员可以对城市交通拥堵情况进行预测与疏导。一方面，交管部门可以根据交通拥堵预测结果，及时制定疏导措施，如调整公共交通线路、优化交通信号灯配时，减少交通拥堵的时长；另一方面，市民可以根据线上地图提供的实时路线规划和导航服务，避开拥堵路段，降低事故风险。

例如，依托大数据技术，北京市建立了交通拥堵预测模型，能够根据历史数据、实时数据，准确预判未来一段时间内的交通拥堵状况。据此采取有针对性的疏导措施，北京市交管部门能够高效缓解交通拥堵情况。

（3）动态路线规划与导航

依托大数据技术，交管部门、线上地图运营企业可以不断完善实时路线规划和导航服务，为市民提供便捷、高效的出行建议，帮助市民避开拥堵路段、降低事故风险。

（4）公共交通优化

依托大数据技术，辅以对历史数据、实时数据的分析，交管部门可以对公共交通线路进行优化、调整，提高公共交通的运营效率和服务质量。

（5）共享出行管理

依托大数据技术，辅以对共享单车、共享汽车等共享出行方式使用频率的监测和分析，交管部门可以获得决策支持，对共享出行进行管理、优化，比如合理规划共享单车投放点、提高共享单车使用便捷度。

(6) 违章行为识别与处理

依托大数据技术，辅以对道路监控视频、各项监测数据进行分析，交管部门可以更高效地对违章行为进行识别、处理，消除部分车主的侥幸心理。

(7) 交通安全预警与控制

依托大数据技术，辅以对历史数据、实时数据的分析，交管部门可以显著提高交通安全预警与控制能力。例如，通过采集、分析交通事故数据，交管部门可以高效识别事故多发路段，采取相应的安全预警与控制措施，如投放车载导航提示，降低交通事故的发生率。

7.6 交通运输行业的数据资产应用

既然数据资产对交通运输行业而言是至关重要的，那么，交通运输相关企业应该如何充分应用数据资产助力自身发展呢？

7.6.1 数据资产的应用核心

对数据资产来说，不经应用就毫无价值。因此，"积极应用、合理应用"是充分发挥数据资产价值的关键所在。接下来，我们看看四川省交通运输厅是如何做的。

（1）把数据"存"起来

四川省交通运输厅着力推进全省交通运输数据资源全量入库与更新，建立"系统—数据—目录"关联关系，提高数据目录清单化管理能力，实现全省交通运输17个信息系统、657张数据表、737项数据资源的"一本账"管理，建成了一批基础数据库、业务数据库、主题数据库。

（2）把数据"管"起来

在遵循国家法律法规与行业标准的基础上，四川省交通运输厅细化、完善了"一数一源""多源校核"等数据资源治理规则和业务流程，逐步提高了行业数据资源的准确性、完整性、一致性和及时性。

（3）让数据"动"起来

依托交通运输数据共享交换平台，四川省不仅实现了交通运输部、公安、文旅等省直单位之间的数据共享交换，还与重庆市签订了《成渝地区双城经济圈交通运输信息资源共享应用合作协议》，建立了两地资源互联、互通、互换的长效机制，为行业应用提供了有力支撑。

(4) 把数据"用"起来

四川省交通运输厅不仅做到了行政审批服务系统与省一体化政务服务平台深度对接，通过公安、工商等行业基本信息跨部门共享，简化许可材料，还做到了充分使用运政平台，依托大数据技术，全面筛查高频次非营运车辆高速公路通行信息，分析其行驶特征及规律，锁定高度疑似非法营运车辆，为靶向聚焦、精准打击非法营运行为提供数据支撑，让决策、监管更科学。

四川省交通运输厅的以上努力直观展示了高效应用数据资产的意义——不仅积累了数据，充分发挥了数据资产的价值，还建立了各部门之间的互通桥梁，助力数据资产的应用范围更广、影响力更大。

7.6.2 借助数据资产合理融资

借助数据资产入表，交通运输企业能够完成合理融资。

以遂宁发展公共交通有限公司为例。该公司携手遂宁数字经济研究院、遂宁兴业数字产业集团有限公司、北京易华录信息技术股份有限公司等，全面采用"入表+授信"模式，成功将数据资产纳入企业财务报表并获得授信融资，率先在四川省完成了市属国有企业数据资产入表和授信融资贷款全流程服务。

数据显示，遂宁发展公共交通有限公司的 4 个信息化系统中的"发展·智策企业信息化管理平台"产生的数据资产已计入其无形资产，数据资产入表 101.89 万元，获天府银行融资授信 100 万元。

由此可见，积极推进数据资产入表，能够推动数据链与产业链的深度结合，助力企业的市场化配置探索与实践。

7.6.3 交通运输行业应用数据资产的关键举措

综合分析交通运输行业的数据资产应用案例，我们可以总结交通运输行业应用数据资产的关键举措如下。

(1) 完善组织管理

一方面，明确承担综合交通运输数据资产管理及促进应用服务职能的机构，加强对行业数据交换共享、对外开放、开发利用等工作的统筹。

另一方面，完善地方交通运输数据资产管理相关职能，强化数据资产管理，确保部省、省际数据的共享交换机制有效运行。

(2) 研究建立目录体系

一方面，以行业协同性、综合性业务需求为重点，梳理行业数据，制定行业数据分级分类标准。

另一方面，按照行业内"共享为原则、不共享为例外"的要求研究制定数据共享目录，在保障信息安全和个人隐私的基础上，合理界定数据资产权属，研究制定公共数据开放目录，建立健全目录定期更新发布机制。

(3) 健全监督考评机制

完善信息化建设项目管理制度，在项目立项、验收等环节，加强对数据开放、共享方案的审核。

(4) 建设、完善数据共享交换平台

加快数据共享交换平台建设，建立各业务数据共享交换主干通道，形成行业统一的数据共享交换体系，并接入国家数据共享交换平台，实现行业数据共享交换，推动信息系统互联互通。

08 数据资产与金融服务
CHAPTER

在金融世界中,数据资产是一把神秘的钥匙。如何使用这把钥匙开启大门,使用、享受基于数据资产的金融产品、服务?数据资产怎样在金融化进程中塑造未来?

本章,我们一起深入剖析数据资产如何帮助我们提高金融抗风险能力,以及如何助力解决金融与公共信用数据共享难题。

8.1 开发基于数据资产的金融产品

前文提到,数据资产是"石油",能带来巨大的机遇。那么,在金融领域,金融机构应该如何开发基于数据资产的金融产品?

8.1.1 基于数据资产开发的金融产品

在大规模开发基于数据资产的金融产品和服务前,我们要先了解目前已经成功开发的基于数据资产的金融产品和服务。

数易贷是上海银行与上海数据交易所深度合作开发的基于数据资产的金融产品,以数据资产质押为主要方式发放贷款。该产品由上海数据交易所主导并联合多家银行推出,有标的新、模式新、运营新、处置新、基础设施新 5 个创新特色,能为企业提供更灵活的融资渠道。

上海芯化和云数据科技有限公司是一家专注于化工产业大数据研究与应用的技术型、平台型公司,在上海数据交易所对其数据资产进行认证及预评估后,上海银行基于数易贷向其发放 150 万元的贷款,完成了"数据资产入表 + 登记 + 评估 + 融资"闭环。

与此同时,中国农业银行上海市分行也与上海数据交易所合作,为一家专精特新企业发放了小微企业贷款——百维金科(上海)信息科技有限公司是行业领先的人工智能及大数据科技公司,中国农业银行上海市分行以数据资产质押的形式为其融资,发放 400 万元的数易贷。

知名 IT 企业神州数码控股有限公司(以下简称神州数码)同样进行了这方面的探索。神州数码与深圳数据交易所达成战略合作协议,对自身现有的数据资源进行了梳理后,确定对旗下"神州数码金服云"数据产品进行入表操作。如今,神州数码已先后完成数据商认证和"神州数码金服云"数据产品上市工作,并将"神州数码金服云"数据产品列入了"无形资产—数据资源"会计科目。

此外,中国建设银行深圳市分行为神州数码提供授信额度3000万元,并经中国人民银行动产融资统一登记公示系统完成数据资产质押登记。该案例是深圳市数据资产金融创新的典型案例、全国首笔大中型数据资产质押融资案例,推动了数据要素与信贷服务的对接。

8.1.2 数据资产的多样化融资方式

无论是研究上海数据交易所的交易,还是研究深圳数据交易所的交易,都可以看到,目前,数据资产的金融服务方向重点在于"以数据资产为依托,进行金融融资"。与传统融资方式不同,数据资产融资方式是多样的,以如图8-1所示的数据资产融资方式为主,每种融资方式都有其特点。

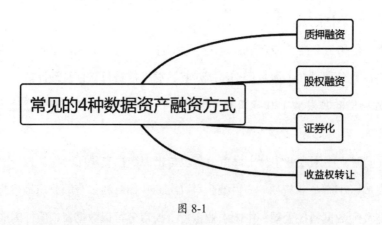

图 8-1

对以上4种数据资产融资方式详细介绍如下。

(1) 质押融资

质押融资是目前较常见的数据资产融资方式,具体而言,是企业以数据资产为抵押物向金融机构或投资者融资,在不失去数据资产所有权和使用权的情况下依托数据价值获得资金支持的融资方式。

质押融资的优势在于能够盘活存量资产，对拥有大量高质量数据但缺乏传统抵押物的企业来说尤为适用。

（2）股权融资

股权融资是企业将数据资产注入新设立的或现有的子公司、合资企业，通过向投资者出售股权实现融资目的的融资方式，投资者通过持有股权分享数据资产收益。

（3）证券化

证券化是一种相对复杂的融资方式，具体操作是先将多个数据资产池化，再通过结构化设计将其转化为可交易的证券产品。简而言之，是将非流动性的数据资产转化为流动性较强的金融产品。

在证券化中，多家企业基于客户数据商业化应用的收益权可以被打包成资产池，发行证券的实质是投资这些收益权未来的现金流。

注意，这种融资方式尚处于使用探索阶段，面临估值、风险控制等多方面挑战。

（4）收益权转让

收益权转让，即企业将数据资产的收益权转让给投资者，以换取即时资金支持，投资者获得的回报是未来数据资产产生的收益。

金融机构可以围绕数据资产，综合考量以上 4 种融资方式的特点，开发更具针对性的金融产品和服务，以形成高质量、数字化、数据化的金融发展态势。

相关尝试，已获得国家的认可与大力支持。

例如，国家发展改革委发布的《"数据要素 ×"三年行动计划（2024—2026年）（征求意见稿）》明确提出，支持金融机构融合科技、环保、工商、税务、气象、消费、医疗等数据，加强主体识别，优化信贷业务管理和保险产品设计，探索开发基于数据资产的金融产品和服务，提升科技金融、绿色金融、普惠金融、养老金融等服务水平。

由此可见，数据资产与金融产品和服务的结合趋势已经势不可挡。

8.2 数据资产金融化的尝试与未来

8.2.1 数据资产金融化的现状

伴随着数据资产的应用越来越广泛,数据资产金融化的尝试在不断增加。

政策层面,2023年8月,财政部印发《企业数据资源相关会计处理暂行规定》,明确了数据资源的确认范围和会计处理适用准则等内容,为数据资产入表奠定了基础;2023年12月,财政部印发《关于加强数据资产管理的指导意见》,进一步明确了数据资产的管理要求和发展方向;2024年,数据资产入表正式实施,标志着数据资产化进入了新的阶段。2024年由此被称为数据资产入表"元年"。

应用层面,企业的数据资产金融化需求日益增加。

一方面,数据资产金融化能够拓宽企业的融资渠道。对很多企业,尤其是科创企业来说,使用传统的融资方式往往会受有形资产不足的限制,而数据资产金融化后,企业可以通过将数据资产转化为融资抵押物或信用增信工具,获得银行等金融机构的贷款支持。如今,恒丰银行、上海银行、常熟农商银行等金融机构都围绕数据资产开发了融资业务,为企业提供新的融资渠道。

另一方面,数据资产金融化有助于提高企业价值。数据资产入表后,企业的资产负债表能够更完整、更全面地反映企业价值。此外,对数据资产进行高效管理和应用能够提高企业的数字化程度、企业在资本市场上的活力和价值、企业融资的潜力,以及企业自身运转的效率。

8.2.2 数据资产金融化的案例

政策与应用需求的共同作用，让数据资产金融化的尝试遍地开花。举例如下。

（1）温州实现数据资产"入表"第一单

温州市大数据运营有限公司基于温州政务区块链的"数据资产云凭证"体系研发了数据产品"信贷数据宝"，主要功能是在确保隐私和数据安全的前提下，为金融机构提供与信贷业务有关的数据服务，简化申贷材料和流程，提高授信审批效率和银行核查精准度。2023年10月，信贷数据宝完成了数据资产确认登记，温州市财政局在通告中称，这是温州数据资产确认登记第一单，也是国内有公开报道的、财政指导企业数据资产入表的第一单。

（2）全国首单工业互联网数据资产入表案例在桐乡落地

浙江五疆科技发展有限公司的工业互联网数据资产入表案例是全国首单工业互联网数据资产入表案例。

浙江五疆科技发展有限公司的数据资产是化纤制造质量分析数据资产，该数据资产可实时反馈并调控、优化产品线相关参数，实现对产品线关键质量指标的实时监控和对化纤生产过程总体质量水平的实时评级，从而提高化纤产品质量、企业质量管理能力及经营效能。应用该数据资产后，浙江五疆科技发展有限公司的（每吨）质量成本年下降约6.81%，客诉率年下降约35.72%。

（3）全国首个电力行业数据资产评估案例落地

受国网浙江省电力有限公司子公司委托，浙江大数据交易中心联合浙江中企华资产评估有限公司、中国质量认证中心，按照相关标准完成了双碳绿色信用评价数据产品的市场价值评估工作。

该案例是全国首个电力行业数据资产市场价值评估案例。

（4）浙江省完成首单制造业主数据产品交易

浙江侠云科技有限公司开发了3款数据产品，分别为水暖阀门行业—产品采购主数据、水暖阀门行业—产品生产主数据、水暖阀门行业—产品主数据标准，成交价分别为 8000 元、9000 元、10000 元，这些产品在浙江大数据交易中心挂牌上架后相继成交。

8.2.3 数据资产金融化的未来

数据资产金融化的发展非常迅速，但发展过程中的诸多难点是不可忽视的。如图 8-2 所示的难点，都有可能影响数据资产金融化发展的走势。

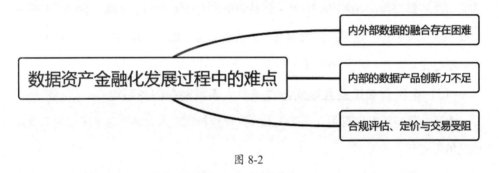

图 8-2

对以上 3 个发展难点详细介绍如下。

（1）内外部数据的融合存在困难

一方面，金融机构内部数据种类繁多且分散在不同部门，整合难度大；另一方面，金融类外部数据的获取渠道有限，且质量参差不齐。在这种情况下，金融类内外部数据的融合存在困难，例如，不同来源的数据格式、标准不一致，需要耗费大量的时间和精力进行清洗、转换。

（2）内部的数据产品创新力不足

目前，金融机构的数据产品多集中在传统的风控、营销等领域，创新力不足、差异化有限。此外，数据产品的研发周期较长、投入成本较高、研发风险较大，共同导致金融机构的创新动力不足。

（3）合规评估、定价与交易受阻

金融数据涉及大量敏感信息，因此，在市场化流通方面，合规评估、定价与交易是亟待解决的难题。

首先,金融数据的合规要求严格,金融机构、企业需要确保数据的采集、存储、使用、交易等符合相关法律法规的规定和监管要求。

其次,数据资产的定价缺乏统一的标准和方法,不同场景下的数据价值差异较大,在评估、定价与交易方面,金融机构、企业需要投入更多的精力。

最后,数据资产交易市场尚不够成熟,交易平台的功能和服务有待完善,交易机制需要进一步优化,金融机构、企业需要特别关注相关情况。

上述问题,是金融机构/企业、数据资产机构、大数据交易所等主体需要协作解决的。谨慎处理好这些难点,才能为数据资产金融化的高速发展扫清障碍。

8.3 数据资产与金融抗风险能力

为什么要不断强调数据资产金融化？不仅是要为企业提供更便利的融资渠道、让企业的数据资产更值钱，还有一个目的是不断提高金融抗风险能力。

谈论数据资产的应用，绕不开大数据、人工智能、云计算、区块链分布式记账等新兴技术，这些技术的进步、与金融业务的深度结合，加速了金融创新，催生了移动支付、网络信贷、智能投顾等新业态。

此外，各地举办的相关论坛、活动也在进一步推动数据资产金融化发展。比如，在南方财经全媒体集团联合广州数据交易所主办的2024大湾区"数据要素×金融服务"论坛上，政、产、学、研各界深入探讨了如何打通数据资产金融化路径，发布了数据资产金融风控模型数据产品，成立了大湾区"数据要素×金融服务"联盟。再如，2024年10月22日，2024金融科技大会暨成方金融科技论坛"数据资产与科技金融高质量发展的法治保障"平行论坛在北京新动力金融科技中心成功举办，围绕数据资产金融化进行了深入研讨、交流。

这些会议，无一例外地重点关注了金融抗风险能力。

如何围绕数据资产的应用提高金融抗风险能力？主要从两个角度入手。

（1）提高风控能力

在特征构建方面，通过对海量数据进行挖掘和分析，可以提取多维度特征，为风险评估提供更全面的依据。例如，作为专业的数据智能服务商，浙江每日互动网络科技股份有限公司（个推）根据设备基础信息、线上APP偏好数据、线下场景数据，以及外部补充数据，提取了8个维度、350余种特征，并持续对特征进行着动态更新，这些内容为金融风控模型的构建提供了全面的数据支持。

在模型算法方面，协同推荐算法、LR算法等先进的算法被广泛应用于金融风控领域，对大量的数据进行高效处理，准确识别潜在风险。以金融机构的大数据风控为例，其基本流程包括数据收集、数据建模、构建用户画像和风险定价。

在模型构建方面，金融机构可以应用机器学习算法对历史数据进行训练、学习，进而构建风险预测模型，实现自动化风险评估。若能结合专家知识和经验，对潜在风险进行定性评估、定量评估，可以进一步提高风险评估的准确性、可靠性。例如，京东旗下的 ZRobot 就在这方面进行了积极的探索：明确了基于互联网大数据特点的多维度、多主题的模型开发框架及验证跟踪手段，不仅依托大数据技术将风险特征数据化，还使用统计方法预测风险，在确保准确的基础上提高了效率。

（2）提高风险管理能力

金融行业数据资产的风险管理包括用户隐私及数据保护、反欺诈、质量监控等多个方面。

在用户隐私及数据保护方面，我国发布了《中华人民共和国网络安全法》，欧洲联盟出台了《通用数据保护条例》（General Data Protection Regulation，简称 GDPR），美国出台了《隐私法案》《电脑匹配与隐私权法》《网上儿童隐私权保护法》等。

在反欺诈方面，我国 17 部门联合印发的《"数据要素 ×"三年行动计划（2024—2026 年）》提出，提高金融抗风险能力，要发挥金融科技和数据要素的驱动作用，支撑提升金融机构反欺诈、反洗钱能力。

……

总之，围绕数据资产的应用全面提高金融抗风险能力，才能更好地确保金融市场的有序发展。

8.4 金融信用数据与公共信用数据的共享

在数字经济快速发展的背景下,加强金融信用数据与公共信用数据的共享,以数据流引领物资流、人才流、技术流、资金流,能够提高全要素生产率。

注意,这种共享并不是简单的数据对接。

一方面,虽然国家已经出台了多个关于推进社会信用体系建设的政策文件,但针对金融信用数据与公共信用数据共享的指导和规范还不够具体、细致。例如,在数据共享的范围、方式、责任界定等方面,目前尚没有明确的规定。

另一方面,目前,全国整体性责任网络尚未形成,不同地区推进金融信用数据与公共信用数据共享的进度不一。

以上问题,导致很多金融机构、企业不敢轻易共享数据。

由此可见,解决以上问题是实现金融信用数据与公共信用数据共享的关键。具体而言,推进金融信用数据与公共信用数据共享的方案如图8-3所示。

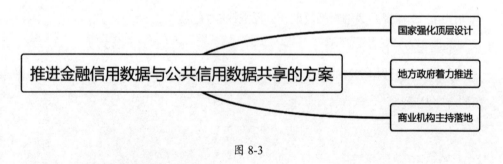

图 8-3

对以上3个方案详细介绍如下。

(1) 国家强化顶层设计

一方面,修订相关法律法规,消除数据共享的制度障碍。当前,金融信用信息基础数据库与信用信息共享平台在数据覆盖面上是较为全面的,但因为缺乏完善的互通机制，市场主体对交易方综合信用状况的掌握程度有限。通过修订法律法规、明确数据共享的合法性和规范性，数据共享的制度保障会更加严密。

另一方面，推动明确信用信息共享标准，加快推进全国金融信用信息基础数据库、信用信息共享平台的信用数据的共享共用，充分发挥信用价值。明确统一、高效、便捷、公开的信用数据使用标准和查询手段，能够有效解决信息不对称的问题。

（2）地方政府着力推进及商业机构主持落地

让实力过硬的平台嫁接金融信用数据与公共信用数据，是推动两者共享的可选措施之一。

在地方政府着力推进方面，可举例如下。

四川省广元市率先实现了金融信用数据与（市级）公共信用数据的互联互通，对构建信用信息交换共享体系，推动实现融资效率和可得性"双升"、融资成本和不良率"双降"，加快打造诚实守信的社会信用环境而言具有重大且深远的意义，为推进该市科技金融、数字金融、智慧金融的广泛应用奠定了坚实的基础。

广东省广州市花都区搭建了全省首个涉农主体信用码管理系统，率先建成了"市—区—镇—村"四级涉农主体信用专题数据库，为金融机构在风险控制、产品创新、市场开拓等业务方面提供着科学、合理的数据支撑。截至2023年末，该系统内的银行机构已对全区约2000个持绿码农户（个人）累计授信8.74亿元，累计放款6.83亿元。

在商业机构主持落地方面，可举例如下。

上海信易贷平台背后的上海市公共信用信息服务中心围绕"用户好用、银行管用、政府实用、市场有用"的服务理念，构建了多角色、多渠道、多元化的系统框架，支持海量数据存储、运算及深层业务挖掘，形成了跨系统的前、中、后台服务体系。截至2023年11月，上海信易贷平台已有38家银行入驻，实现国有六大行、全国性股份制银行全覆盖，优选超过400款产品上线，累计注册用户超过200万个，累计授信金额近4000亿元。

由此可见，想要做好金融信用数据与公共信用数据的共享，必须推行"政府主导、多方参与"模式，力求实现共建、共赢。

09 数据资产与文化、旅游

CHAPTER

如今,文化、旅游领域的数据资产应用越来越常见。

数据资产如何勾勒文化产品和旅游产品的数据化轨迹?怎样描绘文化和旅游传承与保护的细腻线条?本章,我们结合数据资产,深入研究文化创新与传承、旅游定制与治理等,一起勾画文化和旅游新图景。

9.1 文化产品、旅游产品的数据化趋势

任何一个产业的发展，都离不开政策的引导与支持。针对数据资产，无论是中央，还是各地政府，都在不断推出各类政策，给予鼓励与保障。这些政策支持，让我们看到了数据资产的广阔应用前景。

大数据时代，文化产品和旅游产品的数据化趋势越来越明显。

如今，科技飞速发展，互联网、大数据、人工智能等技术广泛应用于各领域，文化、旅游领域也不例外。人们的生活方式和消费习惯发生了巨大变化，越来越倾向于通过数字化渠道获取旅游信息、规划行程并进行消费。同时，国家大力推动数字经济的发展，出台了一系列政策，支持文化和旅游产业的数字化转型。这种现状，预示着文化和旅游产业的发展进入了新的轨道。

2023 年，中华人民共和国文化和旅游部公布了文化和旅游数字化创新示范十佳案例，见表 9-1。

表 9-1　2023 年文化和旅游数字化创新示范十佳案例

（按类型排序）

序号	名称	类型	申报单位
1	沉浸式戏曲《黛玉葬花》创新越剧表现形态	创新文化表达方式（运用数字化手段创新艺术表现形态）	上海戏剧学院
2	国家图书馆数字赋能古籍活化	提升公共文化服务数字化水平（加强公共数字文化资源建设）	国家图书馆
3	"浙里文化圈"助力公共文化服务智达惠享	提升公共文化服务数字化水平（优化基层公共数字文化服务网络）	浙江省文化和旅游厅
4	丝绸纹样数据采集与应用推动文化机构数字化转型升级	促进文化机构数字化转型升级（将文化资源数据采集、加工、挖掘与数据服务纳入经常性工作）	苏州丝绸博物馆

续表

序号	名称	类型	申报单位
5	百度文心大模型创新文化产品生产方式	促进文化机构数字化转型升级（运用数字化工具助力艺术创作生产）	北京百度网讯科技有限公司
6	抖音直播促进文艺表演团体数字化转型升级	促进文化机构数字化转型升级（拓宽文化内容数字分发渠道）	北京微播视界科技有限公司
7	《风起洛阳》虚拟现实全感剧场搭建数字化文化体验线下场景	发展数字化文化消费新场景（充分利用文化设施，搭建数字化文化体验线下场景）	北京爱奇艺科技有限公司
8	《红楼·幻境》数字展构建沉浸式数字文化空间	发展数字化文化消费新场景（充分利用文化设施，搭建数字化文化体验线下场景）	北京雅昌艺术数据有限公司
9	"黄山先游后付·信用游"强化智慧旅游场景应用	发展数字化文化消费新场景（强化智慧旅游场景应用）	黄山旅游发展股份有限公司
10	"文管在线"推进实现文化数字化治理	构建文化数字化治理体系（提高文化数字化政务服务效能）	杭州市文化市场行政执法队

其中，百度文心大模型创新文化产品生产方式的底层逻辑是通过学习文化资源数据，个性化生成美术作品和音乐作品，为文化产业带来新的生产运作方式。这是典型的文化产品、旅游产品数据化的体现。

类似的案例有很多，比如，借助百度文心大模型，中国十大传世名画之一《富春山居图》（残卷）实现线上补全修复，并题诗"一峰一状百树迎，天水合璧两岸情"。再如，AIGC 歌曲《驶向春天》在百度文心大模型的助力下创作面世。又如，大学生借助文心一格设计出了《赛博朋克兵马俑》潮玩盲盒。这些产品，都属于数据化的文化产品、旅游产品。

此外，沉浸式戏曲对大数据的应用也很深入：某作品以上海越剧院《红楼梦》舞台演出版本为参考，围绕 8 个主要故事情节，设计制作相应的舞台表演三维场景模型，支撑起了"大观园"沉浸式实体空间。通过将舞台道具、布景及演员表演设计成虚拟元素，该作品依托扩展现实技术实现虚拟空间与实体空间的叠加融合，让观众自主探索、欣赏越剧表演,增强了传统文化的传播力、吸引力和感染力。

因《黑神话:悟空》爆火的山西文旅更是在数据化的文化产品、旅游产品上下足了功夫。例如,山西博物院数字古建艺术展以"时空变调"为主题,将传统古建文化与当代数字艺术连接,从"龙跃千年""方寸苍穹""光韵重构"3个板块出发,到"再现构筑""再织文脉""再造生态""再通身感"4个板块,涵盖多种艺术类别,呈现了人文与思想、艺术与科技的交织联动。

综合了解这些数据化的文化产品、旅游产品,我们可以看到,数据化趋势会为文化和旅游行业的发展带来新的思路。

(1) 创新、传承文化

数字技术的应用能够为传播中华优秀传统文化提供新的途径和方式。

以沉浸式戏曲《黛玉葬花》为例。通过应用虚拟现实技术,将虚拟的越剧表演与真实的舞台装置有机结合,沉浸式戏曲《黛玉葬花》的创新表现形式不仅丰富了文化艺术的表现形态,还成功地让经典作品焕发了新的活力。

据相关机构统计,沉浸式戏曲《黛玉葬花》推出以来吸引了大量观众,尤其是年轻观众的关注——年轻观众占比超过50%。这充分说明数字技术在创新、传承文化方面具有巨大的潜力。通过将传统文化与现代科技结合,古老的经典作品能够以更加生动、有趣的形式呈现在观众面前,激发年轻观众对传统文化的热爱和传承责任感。

(2) 扩大服务覆盖面

数字技术的应用能够为扩大中华优秀传统文化的覆盖面提供新的契机。

以《永乐大典》为例。过去,普通人想阅读《永乐大典》是非常难的,相关阅读也是比较枯燥的,而《永乐大典》高清影像数据库依托三维复原技术,沉浸式展示《永乐大典》40册75卷的内容,成功地让珍贵的文化资源被更多人欣赏、学习,促进了文化资源的全民共享。

(3) 赋能高质量发展

数字技术的应用不仅能够为中华优秀传统文化的高水平治理"加码",还能够为中华优秀传统文化的高质量发展赋能。

以杭州的"文管在线"系统为例。"文管在线"系统应用了智能识别技术，能够实时监督网络主播，提高文化和旅游市场的监管执法效能。通过对网络直播内容进行实时识别和分析，"文管在线"系统能够及时发现和处理违法违规行为，维护文化和旅游市场的良好秩序，这不仅保护了消费者的合法权益，还为文化和旅游产业的高质量发展提供了有力保障。

在数字技术的应用有如此利好的情况下，我们看到，各地在不断发起"文博场馆+旅游"的活动，宣传优秀传统文化。

以博物馆内容和博物馆场所为依托、载体，将文化活动与游览观光有机融合的数字文博已日益成为体验式文博场馆与旅游跨界融合的新型业态，例如，元明清天妃宫遗址博物馆尝试组织手绘国风线上展，努力让观众在观看国风手绘的同时，增进对海上丝绸之路京畿终点历史的了解。此类数字文博项目吸引了大量游客，为博物馆带来了新的发展机遇，这背后，都是数据资产在起作用。

不仅如此，应用数据资产的文化和旅游产业还进一步提高了文化、旅游的传播效率——网络流量转化能力强、传播速度快，成为驱动地方城市线上快速火爆、线下急速引流的重要工具，成功转化、延伸了文化和旅游产业发展链条，促进了地方经济快速发展。

比如，知名旅游城市哈尔滨不断地通过社交媒体平台进行旅游推广，吸引了越来越多的游客，带动了当地餐饮、住宿、交通等相关产业的发展。

再如，部分城市、旅游景点尝试推出数字藏品、虚拟艺术品等新型数字文创产品，备受游客欢迎——用这种方式拥有一份独特的旅游纪念品，同时支持文化遗产的保护和传承，是大家喜闻乐见的。

由此可见，文化和旅游产业与数据资产融合的模式必然会越来越普及，直至在全国遍地开花。

9.2 数据资产与文化产品、旅游产品的保护、传承

对文化产品、旅游产品而言,数据资产的应用不仅可以扩大其影响力、传播力,还可以为相关保护与传承提供助力。

9.2.1 数据资产如何助力文化产品、旅游产品的保护

以青海通天寺的考古项目为例。

通天寺历史悠久、建筑风格独特,然而,由于地处偏远,传统的考古调查面临诸多困难。

为此,考古人员尝试使用无人机在高空对通天寺及周边地形进行全面观测。一方面,无人机观测能够快速覆盖大面积区域,提高考古调查效率,降低人力成本和时间成本;另一方面,通过无人机搭载的高清摄像头,考古人员可以迅速获取高分辨率的图像数据,直观地了解通天寺的建筑结构、布局,以及通天寺周边的自然环境。相关数据为考古人员研究通天寺的历史变迁、建筑风格,以及文化内涵提供了重要依据。

再举一个例子,主角是著名的敦煌莫高窟。

作为世界文化遗产,莫高窟的壁画和雕塑具有极高的艺术价值和历史意义。然而,长期以来,对莫高窟的保护面临着诸多难题。

在莫高窟的保护与文化宣传方面,无人机再次立下汗马功劳。一方面,使用无人机对莫高窟的外部环境进行全方位监测,能够及时发现安全隐患;另一方面,依托数字技术对莫高窟的壁画、雕塑进行三维扫描和建模,能够建立起数字档案。这些数字资产不仅可以为修缮工作提供准确的参考,还可以通过互联网进行展示和传

播,让更多的人了解莫高窟的文化价值。

9.2.2 数据资产如何助力文化产品、旅游产品的传承

应用数据资产,文化产品、旅游产品不仅可以得到更好的保护,还可以得到更全面的传承。

以西安城墙为例。

作为我国现存历史最悠久、保存最完整、规模最宏大的古代城垣建筑,西安城墙在文物保护和文化遗产传承方面的数字技术的探索、应用值得关注。

在文物保护方面,一方面,西安城墙管委会建立了一套完善的监测机制,使用倾角仪、梁式测斜仪等数字化检测设备,对城墙墙体及附属建筑物的安全状况进行实时监测,这些设备遍布在全长 13.74 公里的城墙上,犹如"十八般兵器",为精细化保护城墙打下坚实基础;另一方面,西安文物保护单位在护城河一圈设立了 31 个地下水位监测点,并在地铁经过城门处设立震动监测点,通过收集海量数据,建立了城墙文物保护"四色"分级预警系统,根据预警等级执行不同的应对措施。2021 年夏、秋两季,降水量增多,西安城墙四处马面(又称敌台、墩台、墙台)出现裂缝、错台和鼓胀,触发了红色预警,专家团队通过比对长期监测数据,立即确定了抢救措施,使用城上卸荷、城下加固的办法,及时缓解了病害裂缝和位移。

在文化遗产传承方面,结合数据资产,西安城墙不断优化着游客体验,比如开发了三维全景云游,推出了含光门数字博物馆、长安智慧沙盘、无人机 +VR 沉浸式导览系统等,已在唐长安城智慧沙盘、含光门遗址博物馆等处立体展现,游客不仅可以借助小程序了解丰富的景点信息,还可以全面获取语音导游、景点推荐、电子导航等服务,甚至可以一键找到"最佳拍照点"。

9.2.3 数据化的文化产品、旅游产品的优势

从通天寺、莫高窟，到西安城墙，我们可以看到，数据资产能够为文化产品、旅游产品提供的保护与传承助力是不容忽视的。数据化的文化产品、旅游产品的优势如图 9-1 所示。

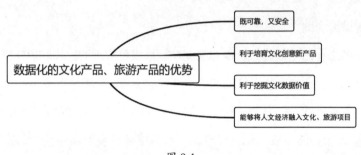

图 9-1

对以上 4 个方面的优势详细介绍如下。

(1) 既可靠，又安全

数据资产有区块链基因。在文化遗产的数字档案建设中，依托区块链技术记录的文物信息、历史故事等数据能够长期、稳定保存，无论经过多长时间，文化遗产的本来面貌都可以被准确还原。这些数据，能够为后人研究、传承文化遗产提供可靠依据。

与此同时，使用先进的加密技术，比如数字签名技术、深度加密技术，能够对文件进行签名，确保文件的真实、完整，为文化产品、旅游产品的相关数据提供强大的安全保障，使得文化传承在数字化时代能够更加稳健地进行。

(2) 利于培育文化创意新产品

对文化产品、旅游产品进行数据化处理能够推动文化数据资源的开放共享和交易流通。目前，我国各级文化机构都在积极推动文化数据资源向公众开放，比如，故宫博物院开发数字文物库，开放了 10 余万件（套）文物藏品的高清影像数据。再如，中国艺术研究院建设"世界的记忆——中国传统音乐录音档案"数字平台，

发布了我国 50 余个民族的 1.1 万条传统音乐数据。

这些数字化举措，为文化创意、旅游、教育、研究、展览等领域的经营主体加强数据开发、利用提供了丰富的资源。例如，腾讯与敦煌研究院携手，深入挖掘莫高窟壁画中的经典元素，融入游戏皮肤设计，打造极具特色的敦煌主题系列游戏皮肤，既丰富了文化创意产品的种类，又提高了相关文化产品、旅游产品的品牌影响力。

（3）利于挖掘文化数据价值

目前，我国已有大模型尝试与文化、旅游结合，例如，2024 年，国家数据局、文化和旅游部等 17 部门联合印发《"数据要素×"三年行动计划（2024—2026 年）》（简称《行动计划》），提出"数据要素×文化旅游"行动，希望充分发挥数据要素的乘数效应，赋能文化和旅游高质量发展。

通过充分发挥数据要素的乘数作用，为文化大模型提供高质量、大规模、安全可信的语料数据支持，依托人工智能等数字技术，文化资源将得到深入挖掘与利用。

比如，利用文化大模型，可以个性化生成美术作品和音乐作品，创新文化产品生产方式。再如，在文化场所、旅游景区提供智能导览服务，能够提高文化和旅游智能化服务的水平。

（4）能够将人文经济融入文化、旅游项目

一方面，非物质文化遗产的数字化保护与传承（以下简称数字非遗）可以为数字经济提供深厚的文化内涵。数字文化资源的资产化是国家文化大数据发展的方向，换句话说，在国家文化大数据发展中，数字非遗是重要板块之一。

另一方面，数字非遗是可以在全球文化贸易中占有一席之地的。中央财经大学文化经济研究院院长魏鹏举曾表示："数字非遗融入人文经济，能够为数字经济带来新的业态和消费模式。"

从文化和旅游的角度看，文化是核心价值，将数据资产与文化、旅游项目深度融合，能够打造具有特色的文化品牌、旅游品牌，推动文化和旅游产业融合发展，实现经济效益与社会效益的双赢。

9.3 数据资产助推文化创新产品发展

如今,到景区旅游,结束时购买一款该景区的文化创新产品(以下简称文创产品)已经成为国人出行、旅游的标配。应用数据资产开发文创产品,是如今文化和旅游市场的重要风口之一。

9.3.1 传统文创产品的不足

传统文创产品的不足,至少有以下 3 点。

首先,创新不足。以雕刻式文创产品为例,目前,市场上的大多数雕刻式传统文创产品沿袭传统图案和样式,缺乏现代审美和流行文化的融入,显得单调、枯燥,甚至有些雕刻式传统文创产品在任何景区都可以买到,毫无特色,难以满足年轻一代消费者对新颖、个性化的追求。

其次,市场定位不准确。比如,部分景区的传统文创产品缺乏当地特色,没有在制作与推广的过程中针对特定消费群体进行差异化开发,导致未能充分挖掘目标消费群体的需求,与市场需求存在一定程度的脱节。这种现象,会影响传统文创产品的销售数据和市场占有率。

最后,品牌建设不足。市场上的部分文创品牌推出的产品种类不少,但多为缺乏特色和辨识度的传统文创产品,导致消费者不会在选择、购买的过程中形成品牌意识,不利于品牌的长期发展。

9.3.2 数据资产带来的文创产品发展新思路

对比传统文创产品,与数据资产密切结合的新兴文创产品备受市场欢迎。

以故宫博物院的新兴文创产品为例。

通过授权使用，故宫博物院支持合作方利用故宫文物数据进行融合创新，打造图书出版、文创产品研发、数字展览等多种应用场景。具体而言，故宫博物院及其合作方已完成《故宫日历》《故宫万象》等近百种特色图书的出版、发行，围绕"故宫中国节""宫囍龙凤呈祥""金榜题名"等主题研发文具、玩具、首饰、礼品等多品类新兴文创产品数千种，打造"悦读故宫"展、"画游千里江山——故宫沉浸艺术展"等对外文化创意展览、数字展览近10项，观众参与度达到百万级，形成了超过亿元产值的文化创意产业规模。这背后是故宫博物院数据资产的深度应用与共享在起作用。

在故宫博物院的引领下，各地博物馆、图书馆、文化馆等都在不断探索文创产品的数据资产化发展思路——建立"数字化采集—网络化传输—智能化计算"数字链条，明确文旅数据的所有权、运营权、使用权和收益权归属，制定基于文旅数据权属内容的分级授权制度，构建规范的交易体系，明晰文旅数据市场化过程中各主体的权责边界。

需要特别介绍的是文旅数字藏品。文旅数字藏品是大数据时代的新兴产物，能够依托区块链技术，对应特定的作品、艺术品，生成唯一的数字凭证，在保护其数字版权的基础上，实现真实可信的数字化发行、购买、收藏和使用。

在文化和旅游领域，数字藏品被赋予了多重意义与内涵。文化是数字藏品的内核，各景区和博物馆、图书馆、文化馆等可通过"文旅+数字藏品"的跨界联合，给自己的新兴文创产品贴上年轻化、时尚化的标签，让Z世代（又称"网生代""互联网世代""二次元世代""数媒土著"，通常指1995年至2009年出生的人）年轻人更愿意接触、学习、欣赏，甚至收藏。

以手稿、绘图等为代表的文化衍生物是数字藏品的常见形式，不仅成功地为文创产业赋能，推动了传统文化、文物的创造性发展，还拓宽了文创产品的创新边界，转化了数字资产的价值。

在数字经济快速发展的大背景下，文化和旅游产业、文创产品的数字化转型既是形势使然，又是发展必然，宜早不宜迟。相关企业应当抓住这个机遇，顺应时代潮流，实现"文旅促进文创，文创推广文旅"的高质量发展。

9.4 数据资产与定制化旅游

在助推文创产品发展的同时，数据资产还与另一个文旅产业有深度结合，即定制化旅游。

数据资产在旅游行业的广泛应用已成为推动旅游行业发展的新动力。2024 年，有 23 家上市公司在一季度的资产负债表中披露了"数据资源"的相关数据信息，涉及金额高达 14.77 亿元。此外，国家陆续出台相关政策，推动数据要素在文化、旅游等领域的应用，发挥数据要素的积极作用。

依托数据资产的应用，定制化旅游的市场需求日益增长。携程 2023 年的全年数据显示，国内旅游私家团的销售额较 2019 年全年增长了近 370%，2～9 人小团的销售额增长超过 100%。这些小型旅行团队的旅游方式几乎都是定制化旅游。

在这种情况下，定制化旅游的产业链在逐步完善。从旅行社、旅游运营商到导游、酒店、景区，都在加大对定制旅游产品的投入和开发力度，以满足游客的个性化需求。

在技术驱动创新方面，互联网、大数据、人工智能等技术的快速进步不断为定制化旅游提供着更高效的服务工具，比如，游客可以通过线上旅游平台，便捷地了解、比较、预订定制化旅游产品。

9.4.1 数据资产对定制化旅游的推动

数据资产是如何推动定制化旅游的发展的？

首先，在大数据时代，数据资产成为旅游企业精准决策的关键依据。通过对海量数据进行收集和分析，旅游企业能够精准把握市场动态。例如，依托大数据分析技术，旅游企业可以全面了解不同地区游客的旅游偏好、消费习惯、出行时间等。

据了解,某旅游大数据平台曾通过对游客画像及旅游舆情进行分析,成功为某旅游企业提供了精准的市场信息,使该旅游企业全面掌握了某区域的人口数量、消费水平和习惯、旅游产品偏好等关键信息,进而定制出了备受欢迎的旅游线路。

其次,数据资产能够帮助企业预测旅游趋势。通过对历史数据进行挖掘和分析,结合科学的预测方法和数学模型,企业可以预测未来一段时间内各细分市场的产品销售量、产品价格走势等。

最后,大数据具有发现快、信息全、分析准的优势,在大数据时代,旅游平台、景点可以依托数据资产进行舆情监测,第一时间发现负面舆情,全面了解民意、民情动态,为企业及时调整营销策略提供依据。

总之,依托数据资产,我们可以分析、了解各旅游景点分别在什么时间段人流量最大,游客有着怎样的消费倾向等,进而调整营销策略和产品开发策略,实现动态定价、差别定价,这对定制化旅游的发展有极大的推动作用。

9.4.2 数据资产在定制化旅游完善过程中的作用

在定制化旅游完善过程中,数据资产主要有如下两个方面的作用。

(1) 个性化服务

数据资产在实现智能旅游规划、文化体验定制、智能旅游推荐等个性化服务方面发挥着重要作用。

在智能旅游规划方面,通过对游客的过往旅游数据进行深入分析,旅游企业可以了解游客的兴趣爱好、消费倾向等,从而为游客提供个性化服务。比如,面对喜欢文化古迹的游客,旅游企业可以推荐一些文化深度游线路。再如,面对喜欢美食的游客,旅游企业可以推荐一些特色美食游线路。

在文化体验定制方面,旅游企业可以利用数据资产深入挖掘当地文化资源,结合游客的需求,为游客提供独特的文化体验。比如,通过分析游客对不同文化活动的参与度和评价,为游客定制传统手工艺制作、民俗表演等个性化的文化体验项目。

智能旅游推荐也是数据资产的重要应用之一。依托机器学习技术，使用智能推荐系统，旅游企业可以根据用户的历史消费行为数据预测其未来的消费偏好，从而为用户提供更加个性化的推荐服务。

（2）产业链协同

数据资产在旅游产业链资源整合、高效协同方面具有重要作用，有助于构建旅游产业新生态。

在供应链管理方面，依托大数据技术，旅游企业可以通过对供应链上的各环节进行监控和分析，实现供需平衡，提高资源利用率，降低成本。具体而言，旅行社可以利用大数据分析其与酒店、交通公司等供应商的合作情况，根据数据对各供应商进行评估，从而选择最合适的合作伙伴，提高整个供应链的运行效率。

在旅游产业链资源整合方面，应用数据资产可以将景区、酒店、旅行社等不同环节的企业整合起来，实现资源共享和协同发展。

作为旅游行业领先的SaaS服务商，票付通已经能够通过全链路数据建设，帮助景区管理者实时掌握景区动态，整合下级分销商的数据，计算不同分销阶段的销售情况，打造更高效的数据中心，推动旅游产业可持续发展。

随着人工智能、大数据分析、虚拟现实等技术的进步，定制化旅游将更加智能、高效、个性化。比如，依托虚拟现实技术，游客可以在出行前更加直观地了解目的地的景点和特色，以便更好地规划自己的行程。目前，这一领域尚无头部企业，堪称蓝海。再如，依托人工智能算法，旅游企业能够更加精准地分析游客的需求和偏好，为游客提供更加贴心的定制化服务。

可以预见，未来，定制化旅游将成为中国文化旅游市场的重点旅游模式，传统的标准化旅游模式将逐步退出市场。

9.5 数据资产助推政府提高旅游治理能力

旅游市场的繁荣,对政府的旅游治理能力提出了更高的要求。与过去相比,如今的旅游选择更加多元,游客的需求各不相同,且所有游客都可以通过社交平台自由表达自己的意见,这给政府提出了更高的治理要求。

9.5.1 依托数据资产提高旅游治理能力的探索

以丽江市为例,我们看看丽江市政府是如何借助数据资产挽回曾经下滑的口碑的。

丽江市一度因为宰客、天价餐等现象频出陷入舆论危机。为了重塑丽江市的形象,丽江市政府联合九次方大数据构建了旅游综合治理大数据平台,这个平台具有如下特点。

(1) 融合

融合全网全时监测、分析预测预警、联动处置决策、联动应急指挥、综合治理优化五大功能,全面提高旅游治理水平。

(2) 追踪

完成全网全时监测功能与各涉旅系统的对接,通过 API(应用程序编程接口,全称为 Application Programming Interface,是一种用于不同软件组件之间交互和通信的接口,定义了如何请求某个服务或功能,以及如何接收返回的结果)进行多渠道、深度数据采集,实现对全网媒体数据、整顿对象信息的实时监测与专项治理,以及对舆情热词、游客意见的实时追踪,以便第一时间发现行业潜在问题。

（3）分析预测

通过使用全网实时监测功能获得数据分析标的，通过整合多种数据建模与可视化展示技术，为决策者提供360度全景分析研判、高危情况预警、发展趋势与态势预判服务，预测可能存在的风险。

（4）联动

利用多数据源在大数据处理中的交叉验证优势，多角度、多维度入手综合分析所有可能导致目的地旅游市场出现信用危机、口碑危机的因素，优化处置决策，确保最终效果真实、可靠、可信。

（5）综合治理与优化

基于平台先行系统提供的数据进行决策分析，通过跟踪并评估舆情事件、危机事件、游客纠纷事件，以及事件处置效果，提高事件整体处置服务水平，降低问题事件发生概率；建立改进机制，对治理方案进行比对评分、效果评估，不断完成治理优化、提高服务水平。

（6）整合数据

针对内部违规整治，整合海量涉旅数据，打通政府、企业、行业之间的信息流动与互通，并在此基础上对旅游资源进行精确普查、定位和系统编码，实现对旅游信息、旅游事件的准确采集、实时传输和精确控制。

针对低价游产品、高危企业、黑导、虚假合同等相关情况，进行实时监测与预警，形成预防在前，处置在后的高压预警态势。

（7）采集与筛选

针对外部舆情控制，24小时采集网络媒体发布的网络新闻信息、BBS论坛信息、微博信息等内容信息，筛选重要的热点新闻信息进行监测、分析和追踪。

这些信息，均涉及丽江市的旅游数据资产。在推行以上举措的基础上，丽江市政府还推出了面向游客的综合服务平台，聚焦游客端，提供精致化智慧服务。比如，完善明厨亮灶系统，让游客吃得安心。再如，普及智慧支付、智慧厕所、无人售货商店等设施，为游客提供便捷服务，优化游客的旅游体验。又如，建设丽江古城综合管理服务中心,为了给游客提供"一站式"服务,实现统一调度、科学管理,构建了旅游市场监管综合调度指挥中心+旅游警察、旅游巡回法庭、退货监理中心、旅游联合巡逻队、司法调解中心+各涉旅部门+旅游执法履职监督办公室的"1+5+N+1"旅游监管体系。

在丽江市政府的不懈努力下,2021年,丽江市丽江古城"智慧小镇"数字化转型实践入选全国智慧旅游典型案例。

通过对数据资产进行深度应用,丽江市政府帮助丽江市挽回了下滑的口碑,重新获得了美誉。

9.5.2 数据资产在旅游治理中的作用

通过分析丽江市政府的尝试,我们可以对政府依托数据资产提高旅游品质、优化旅游口碑的途径进行提炼、总结。数据资产在旅游治理中的主要作用如图9-2所示。

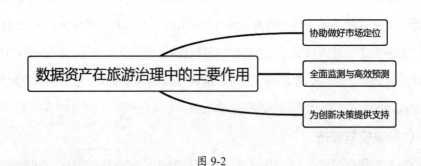

图 9-2

对以上3个方面的作用详细介绍如下。

(1) 协助做好市场定位

依托数据挖掘和信息采集技术,政府能够获得足够的样本和数据信息,建立基于大数据的数学模型,对未来的市场进行预测。例如,通过分析某区域的人口数量、消费水平和习惯、市场对产品的认知等海量信息,政府能够获得足够的旅游行业的市场调研数据，准确完成市场定位。

做好市场定位，才能高效打造满足市场需求的旅游产品，在竞争中立于不败之地。与此同时，通过积累、挖掘旅游行业的消费者数据，政府不仅能够深入分析游客的消费行为、兴趣偏好等，还能够掌握游客的景点驻留时间、所住酒店、常去的消费场所等信息，投其所好，为游客提供更好的服务。

（2）全面监测与高效预测

大数据在舆情监测方面具有发现快、信息全、分析准的优势，可以帮助政府第一时间发现负面舆情，进而全面了解民意、民情。

以海鳗云旅游舆情监测系统为例。

海鳗云旅游舆情监测系统支持对全网数据进行实时监测，信息源包括新闻资讯网站、各大自媒体平台等，收集到足够多的数据后，该系统会用自行研发的NLP算法对相关数据进行智能处理，为政府提供及时的、全方位的舆情服务。

依托类似的系统，政府能够第一时间获得游客的真实反馈，高效调整不妥之处。

（3）为创新决策提供支持

例如，文化和旅游部信息中心会依托自有的文旅大数据网评信息系统，通过监测国内主流在线服务平台上公众（游客）关于文博场馆、旅游景区、星级饭店的点评内容，运用自然语言处理技术，获取网评数据中蕴含的游客诉求，经过情感分析和维度分析，形成评价数据、游客满意度数据、服务质量监测数据，并在此基础上编写4A、5A级景区网评监测月报、年报和专项数据报告。这一做法，一方面是履行监督的义务，另一方面是为行业管理部门、旅游企业提供数据服务，支持相关部门、企业的创新决策。

9.6 数据资产与文化旅游中的配套服务

关注文化和旅游，不仅要关注景点本身，还要关注各种各样的配套服务，包括交通、餐饮、住宿等。这些配套服务，同样与数据资产有着千丝万缕的关系。依托数据资产全面优化配套服务，有助于全方位地提升一个地区、一个景区的综合口碑。

因此，我们必须重视数据资产与旅游配套服务的关系，让两者更好地融合。

9.6.1 数据资产与配套服务的关系

数据资产与配套服务有着相互作用的关系，具体如下。

（1）数据资产应用可以提高配套服务水平

通过对景区的大数据进行智能分析，政府、旅游企业可以实现对景区的动态管控，例如，分析游客的景点参观轨迹、停留时间，以及其他景区的参观记录，结合游客的年龄、性别等情况，开发适合当前景区的项目，或者优化当前景区的服务。与此同时，可以针对景点的吸引力及配套情况进行指数化统计分析，得出景区内各景点的人气排名，对排名较低的景点进行服务设施优化。

在交通方面，大数据也能为优化旅游配套服务提供有力的支持。通过对气象数据和交通数据进行整合分析，景区不仅可以对恶劣天气进行监测，明确恶劣天气的持续时间，还可以监测道路受损程度，预估修复所需要的时间，提高处理道路状况的效率，确保游客在旅游过程中的生命财产安全。

此外，旅游经营主体可以通过共享气象、交通等数据，在合法合规的基础上完善客群画像、城市画像等，优化旅游配套服务、一站式出行服务。

举个例子，某景区通过大数据分析发现游客在景区内的餐饮需求主要集中在特色美食和便捷快餐上，于是，该景区针对性极强地引入了更多具有当地特色的餐饮商家，并在热门景点附近设置了便捷的快餐摊位，大大提高了游客的餐饮满意度；与此同时，根据游客的出行方式和游览时间分布，该景区优化了景区内的交通接驳服务，增加了观光车的班次并调整了观光车行驶线路，收获了众多好评。

（2）优化配套服务可以反向促进数据资产开发

良好的配套服务能够吸引更多游客，产生更多数据，反向促进文化和旅游相关数据资产的开发和应用。因此，数据资产与配套服务有着相互作用的关系。

交通、餐饮、住宿等配套服务越完善的景区，游客的旅游体验越佳，对应的是愿意分享自己的旅游经历的人越多，由此产生的文化和旅游相关数据越多。因此，无论是微博、抖音，还是小红书、快手，越热门的景区，这些自媒体平台上的游记和旅游照片、评价越多，这些数据对相关旅游企业和景区来说是宝贵的资产。

以甘肃省山丹县为例。

为了振兴旅游市场，甘肃省山丹县政府举办了各种美食活动，吸引了大量游客前来品尝美食。这些游客在享受美食的同时，产生了大量消费行为数据，借此机会，山丹县政府与旅游机构着力组织大数据管理，了解游客的口味偏好、消费能力等信息，为后续的产品开发和服务优化提供依据。与此同时，山丹县政府不断优化住宿、游览配套服务，延长游客的停留时间、扩大游客在景区内的活动范围、增加游客的可消费项目，从而获得更多的消费行为数据，逐步进入良性循环。

无论是文旅部门还是景区，都要明白，完善的配套服务能提高游客的满意度和忠诚度，促使他们再次选择该景区旅游、放松。既能吸引新游客，又能留住老游客，才能实现数据的长期积累和持续更新，并不断扩大数据资产的规模。

9.6.2 数据资产与配套服务融合发展的策略

了解了数据资产与配套服务的相互作用关系，接下来要做的是明确融合发展的具体策略。

(1) 加强数据资产的管理与应用

建立健全文化旅游数据资产管理制度，明确数据的采集、存储、分析和使用流程，有利于确保数据的安全、准确和有效使用。

想要做到这一点，一方面，政府、景区需要持续进行资金投入，不断引进先进的数据采集和分析技术，提高数据处理能力和分析精度，以保证数据的精准；另一方面，政府、景区需要积极推动数据资产的开放、共享，促进旅游企业、政府部门、科研机构等各方之间的数据交流与合作。比如，旅游企业可以与交通部门共享游客出行数据，优化交通接驳服务。再如，景区可以与餐饮企业共享游客的口味偏好等数据，推出更加符合游客口味的美食。

(2) 持续优化配套服务

比如，完善交通网络，加强与周边城市的交通连接，开通更多旅游专线、直通车，方便游客出行。再如，深入挖掘当地特色美食文化，打造更多具有地方特色的美食品牌，加强对餐饮企业的管理和培训，提高餐饮服务质量和卫生水平。又如，加大对民宿、酒店等住宿设施的建设和改造力度，提高住宿的舒适度和安全性，打造不同档次、不同风格的住宿产品，满足游客的多样化需求。

(3) 积极培养复合型人才

所有数据相关工作的开展，都离不开对数据资产有深度理解的、经验丰富的专业人才。因此，如果条件允许，当地政府应当鼓励各大高校、职业院校开设文化旅游与数字技术相关专业，培养具有文化旅游专业知识和数字技术应用能力的复合型人才，甚至为相关人才提供住房补贴、子女教育等优惠条件。拥有了足够多的能力过硬的数据人才，文旅大数据平台才能充分发挥作用。

10 数据资产与科技创新

CHAPTER

数据资产与科技创新息息相关,那么,数据资产是如何通过开放、共享提高科学数据的价值的?又是如何作用于知识产权保护工作的?

本章,我们将深入探讨数据资产助力企业创新、人工智能大模型发展的形式,及其在跨学科建设和新兴科技领域的独特贡献。

10.1 数据资产的开放、共享提高数据价值治理能力

将"科技创新"这个词的格局放大一些,是"科学"。人类能够在漫长的发展史上不断突破,成为"高级动物",科学起着至关重要的作用。一代代科学家在前人的基础上开拓、创新,才有了今天的科技世界。

因此,论开放、共享,可以说科学领域是人类最早进行开放、共享的领域。

到了大数据时代,科学也需要借助数据资产的力量,进一步拓宽边界,以便更好地服务人类。

当下,最需要关注的是人工智能。

数据在人工智能模型训练中起着至关重要的作用。数据质量、数据多样性、数据标注的准确性、数据量、符合伦理标准的数据是决定人工智能性能的 5 个核心要素。高质量的数据能够确保人工智能学习到准确、全面、实用的知识和技能。

在人工智能产业链中,算法、算力和数据密切相关。

作为人工智能的"大脑",算法用于指导数据处理和决策。优秀的算法能够高效地从海量数据中提取有价值的信息,并据此进行智能分析和预测。

作为人工智能的"肌肉",算力用于为实现复杂运算和数据处理奠定基础。随着计算机硬件的完善和技术的进步,算力是在不断增强的,能够提高模型的训练效率。

作为人工智能的"燃料",数据是算法和算力发挥作用的对象。没有数据,再先进的算法、再强大的算力也无用武之处。

通过更好地使用算法、算力和数据,可以有效提高数据的智能应用价值。

例如,在图像识别领域,无论是图像、声音,还是影像,都是数据资产,大量的图像数据在算力的支持下,经过算法的处理,可以训练出高精度的图像识别模

型，应用于安防、医疗、交通等多个领域，实现智能监控、疾病诊断、辅助交通管理等。

可以说，在大数据时代，诞生了一门新的学科：数据科学。数据科学融合了统计学、机器学习、数据库、分布式计算、可视化等多个领域的知识，致力于从海量数据中提取有价值的信息，对应的应用领域十分广泛——涵盖金融、医疗、电商、交通、教育、科研等众多领域。

全球数据量的爆炸式增长，为数据科学提供了丰富的数据资源。在数据科学领域，可以使用多种技术和工具提取数据，例如，使用 SQL 工具（Workbench、DBeaver 等），可以从关系型数据库中提取所需要使用的数据；使用 ETL 工具（Informatica、Talend、Apache Nifi 等），可以自动化完成数据的提取、转换和加载；使用 Python 库（NumPy、BeautifulSoup、Scrapy 等），可以完成数据处理和提取；使用 API 接口（REST API、GraphQL、WebSocket 等），可以实现与数据源的实时交互，获取最新数据；使用大数据处理工具（Hadoop、Spark 等）可以处理海量数据。

在这种情况下，数据资产开放，将有力地促进数据科学的成长与发展。

早在 2006 年，国务院就发布了《国家中长期科学和技术发展规划纲要（2006—2020 年）》，明确提出要建设数字科技平台，促进科学数据共享；2018 年，以进一步加强和规范科学数据管理，保障科学数据安全，提高开放共享水平，更好支撑国家科技创新、经济社会发展和国家安全为目的，国务院办公厅印发《科学数据管理办法》，进一步明确了科学数据管理与共享的职责。

相对于传统的数据分享模式，大数据时代的数据资产给科学领域带来了全新的变化。数据资产开放、共享的优势如图 10-1 所示。

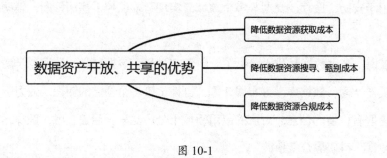

图 10-1

对以上 3 个方面的优势详细介绍如下。

(1) 降低数据资源获取成本

数据资产开放、共享后,数据需求方不需要支付高昂的费用即可获取所需要使用的数据,这大大降低了数据资源获取的经济负担。比如,地方政府开放、共享气象数据、交通数据等各类数据后,企业、科研机构可以免费或低成本获取这些数据,用于商业分析、科学研究,降低了高额的数据采购费用支出。

(2) 降低数据资源搜寻、甄别成本

一方面,目前,我国各地普遍要求政府编制并在其设置的数据开放平台上载明数据开放目录,以便数据需求方能够便捷地找到所需要使用的数据资源,不必在众多渠道中盲目地搜寻。

另一方面,开放平台上的数据通常是已经过筛选和整理的数据,数据质量和可用性是有保障的,降低了数据需求方对数据进行甄别的难度和成本。

(3) 降低数据资源合规成本

数据资产开放规则明确、数据供需双方的权利义务清晰,有利于降低合规成本。政府会在开放、共享数据资产时制定相应的规范和标准,明确数据的使用范围、使用方式、安全要求等,这使得数据需求方能够在使用数据时更加清楚地了解自己的权利和义务,避免因违规使用数据产生法律风险和经济损失。

当然,想要实现科学领域的数据资产开放、共享,需要各方共同努力,打破政策层面、技术层面,乃至版权层面的壁垒。具体而言,政府应加强政策引导和监管,完善数据资产管理制度和政策,为数据资产开放、共享创造良好的政策环境;

企业应积极参与数据资产开放、共享，加强数据治理和价值评估，提高数据资产的应用效率和经济效益；科研机构、高等院校应发挥智力支持和资源保障作用，为数据资产开放、共享提供技术支持和人才支持；社会组织应加强行业自律，推动数据资产开放、共享的规范化和标准化。这样，庞大的数据资产才能更好地服务科技创新。

10.2 数据资产与知识产权保护

在大数据时代，数据是新型生产要素，因此，做好数据知识产权保护工作是至关重要的。

10.2.1 中国在数据知识产权保护方面的探索

目前，中国已经在数据知识产权保护方面进行了积极的探索。国家知识产权局高度重视数据知识产权保护，提出"四个充分"基本原则，即充分考虑数据安全、公共利益和个人隐私；充分把握数据的特有属性和产权制度的客观规律；充分尊重数据处理者的劳动和相关投入；充分发挥数据对产业数字化转型和经济高质量发展的支撑作用，为数据知识产权保护明确了方向。

截至 2023 年 11 月，北京、上海、江苏、浙江、福建、山东、广东、深圳 8 个省市已相继开展了试点工作，上线数据知识产权登记平台，累计向经营主体颁发数据知识产权登记证书超过 2000 份，数据知识产权质押融资总额超过 11 亿元。

除此之外，各地工作扎实推进，举措亮点纷呈：上海市、广东省等省市的地方知识产权局与市场监管、司法等部门加强协作，实现协同保护；浙江省将数据知识产权保护制度写入《浙江省知识产权保护和促进条例》，发布《数据知识产权质押服务规程》省级团体标准；山东省首单数据知识产权存证质押融资落地，并颁发首批数据知识产权登记证书。

这些举措不仅为构建完善的数据知识产权保护体系积累了宝贵经验，还体现了中国在做好数据知识产权保护工作方面的决心。

政策的背后，是数据资产在知识产权领域的极大保护需求。数据显示，截至 2022 年末，国内数字经济核心产业发明专利有效量为 127.3 万件；2022 年，国内数字经济核心产业发明专利授权量达 29.6 万件，占国内发明专利授权总量的 42.6%；自 2016 年起，国内数字经济核心产业发明专利授权量的年均增速为 22.6%，是同期国内发明专利授权总量的年均增速的 1.5 倍。面对这种情况，中国必须及时采取加强数据知识产权保护的相关措施。

10.2.2 数据知识产权保护的难点：划定客体范围

与传统知识产权保护相比，数据知识产权保护的难点在于客体范围的划定。数据资产是数字化、电子化的，因此，划定客体范围有较大的难度。目前，数据知识产权保护的客体范围应当从智力成果属性、实用性和合法性 3 个方面入手划定。

首先，数据知识产权保护客体应具备智力成果属性。具体而言，数据知识产权保护客体应为经算法或依据一定规则"深加工"后形成的衍生数据，不宜包括"未加工"的原始数据、"粗加工"的简单归集公开数据等。例如，电商平台对原始数据进行脱敏处理并完成深度分析、处理、加工后形成的衍生数据——购物偏好数据、信用记录数据，可以被认定具备智力成果属性（知识产权权利属性）。

其次，数据知识产权保护客体应具备在特定应用场景内的实用性。数据价值的形成往往基于其海量的规模，以及应用于特定生产经营活动领域的不可替代性。例如，某鹅类养殖企业自采本企业养殖数据、财务数据后加工形成的数据集合，既可为同行业其他企业提供商业参考价值，又具有分析鹅养殖业发展情况的经济价值和社会价值。

最后，数据知识产权保护客体应具备合法性，这是数据知识产权有序流动的前提。对纳入数据知识产权保护范围的客体来说，其数据来源的权利应清晰、无争议，不得违反法律法规，不得损害社会公共利益，不得侵犯其他在先权利。注意，需要明确排除不宜开放、共享、交易的敏感数据类型，比如涉及国家安全利益的公共数据、未去标识化的个人数据。

不可否认，在数据知识产权保护方面，目前的法律完善有一定的滞后，立法尚未明确将数据产权化,使得数据资产交易缺乏明确的权利基础,交易的不确定性较大。由于无法确定数据的产权归属,担心交易后可能面临法律风险,一些企业对数据资产交易持谨慎态度,交易热情不高。

面对这种情况,相关部门,例如,国家知识产权局,需要继续加强与市场监管、司法等部门的工作协同,深化对数据知识产权保护规则的研究,积极开展数据知识产权领域的国际合作交流,推动出台相关政策性文件,促进数字领域技术创新、交易流通和全球治理,以便更好地助力数字经济发展。

10.3 数据资产如何助力科技创新

在市场竞争激烈的今天，企业的科技创新需求极高，因为**产品创新是企业保持竞争力的必要条件。消费者需求的不断变化和技术的快速进步**，要求企业不断推出创新产品，以满足市场需求。

以智能手机为例。目前，各大厂商在不断推出新的功能和设计，如折叠屏、高像素摄像头，这些创新，都依赖于企业对市场趋势和消费者需求的准确把握。

在此过程中，数据资产发挥着至关重要的作用——通过对销售数据、用户反馈数据等各类数据进行分析，企业可以了解消费者的喜好和需求，明确产品创新方向。

那么，对企业来说，如何借助数据资产提高自己的科技创新能力呢？如图 10-2 所示。

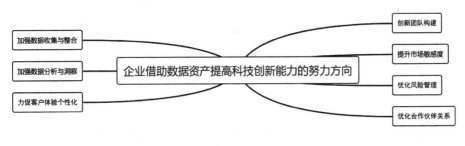

图 10-2

对以上 7 个努力方向详细介绍如下。

（1）加强数据收集与整合

无论是传统企业还是高新科技企业，都要建立全面的数据收集系统。通过完善企业资源规划（ERP）系统、客户关系管理（CRM）系统，可以收集员工的工作效率、任务完成情况等员工绩效数据；生产线上各环节的时间、质量等生产流程数据；客户对产品或服务的满意度、评价等客户反馈数据。

完成对数据的收集后,企业还需要整合数据,以保证数据的准确、全面。例如,借助人工智能完成数据的自动分类和标注,可以提高数据的可用性。

(2) 加强数据分析与洞察

收集、整合数据后,企业需要进行数据分析,了解数据的分布特征、变化趋势等。例如,通过对销售数据进行分析,企业可以明确不同产品在不同地区、不同时间段的销售情况,从而调整产品的生产策略和营销策略。

有时,仅进行数据分析还不够,要想充分地使用数据,企业需要进一步完成数据洞察。通过对数据进行深度挖掘,例如,全面分析客户的购买行为数据,企业可以了解客户的需求偏好、购买决策过程等关键信息,为产品创新和服务优化明确方向。

(3) 力促客户体验个性化

在大数据时代,企业的数据分析重点在于明确客户的个性化需求,以便为客户提供更贴心的产品和服务。例如,在线购物平台可以通过分析客户的浏览历史、购买记录等数据,为客户推荐个性化商品,不断优化客户的购物体验。

为客户提供个性化体验不仅能够给企业创新明确方向,还能够帮助企业在市场上树立良好的品牌形象——客户感受到企业为他们提供专属产品和服务的用心、重视后,会对企业产生更高的认同感、忠诚度。

(4) 创新团队构建

借助数据资产提高科技创新能力,不是一个人、一个软件可以做到的,背后往往有一个完整的创新团队。在大数据时代,企业需要有针对性地对员工进行创新培训和激励,激发员工的创新潜力。对于在数据分析中表现出较强创新能力的员工,企业可以通过给予更多的创新项目机会和奖励,鼓励他们发挥更大的作用。

在团队管理和协作优化方面,数据资产也有其用武之地。例如,通过分析团队成员之间的沟通频率、合作项目的市场反馈等数据,企业能够发现团队协作中的问题,优化团队成员的沟通、协作方式,提高团队的创新效率。

(5) 提升市场敏感度

通过提升市场敏感度、实时监测市场数据,企业能够更迅速地应对市场变化,在不知不觉中提高自己的科技创新能力。例如,企业可以使用数据监测工具对市场动态、竞争对手的行动、客户需求的变化等进行实时跟踪,一旦发现市场偏好,立即调整产品策略和服务策略。

提升市场敏感度不仅有利于企业提高自己的科技创新能力,还有利于企业根据真实数据及时推出能够满足市场需求的产品或服务,抢占市场先机。

(6) 优化风险管理

科技创新往往伴随着一定的风险,而借助数据资产优化风险管理可以帮助企业更从容地提高科技创新能力。例如,通过分析类似项目的成败经验及教训,企业可以明确可能导致项目失败的因素,提前做好防范;通过分析历史数据和市场趋势,企业可以更准确地预测潜在风险,提前调整生产计划、降低库存水平,减少损失。

(7) 优化合作伙伴关系

数据资产的开放、共享是推动科技创新的关键。通过优化合作伙伴关系,开放、共享数据资产,企业可以实现科技创新方面的共赢。例如,企业可以与研究机构合作,共享市场调研数据和技术研发数据,共同开展创新项目。

为什么几乎所有的中国新能源汽车企业都自建科研团队或与科研机构深入合作?因为开放、共享汽车行驶数据和智能技术数据后,汽车企业可以着力解决实际应用问题,科研团队/机构可以专注于解决理论层面的问题,双方配合,共同开发、升级自动驾驶技术,能够更高效地为消费者提供更安全、便捷的出行体验。

未来,数据资产对企业科技创新的助力不会局限于产品,而是深度融入从产品研发到市场营销,从供应链管理到客户服务的各环节,为企业提供更加精准的决策支持,推动企业实现精细化管理和个性化服务。

总之,完善自己的数据资产、建立自己的数据团队,对任何一家企业来说都是迫在眉睫的事。

10.4 数据资产与人工智能大模型

从 2022 年开始，伴随着 ChatGPT 的火爆，人工智能大模型被越来越多的人熟知，甚至有不少科技先锋、科技公司表示："未来是属于人工智能的！"

人工智能大模型的背后是数据资产。我们可以毫不夸张地说："没有数据资产做后盾，人工智能就是空中楼阁。"

10.4.1 为什么要大力推动人工智能大模型的发展

为什么如今科技巨头、行业巨头都在大力推动人工智能大模型的发展？对商业与科技创新来说，人工智能大模型能够带来什么？

简单地说，人工智能大模型具有强大的数据挖掘和分析能力，可以为企业营销提供更精准的洞察支持、决策支持。

具体而言，企业获取足够多的数据后，能够利用人工智能大模型的对话文本理解能力和关键信息抽取能力，从对话中提取客户的意向和需求。例如，教培企业可以利用人工智能大模型分析与客户的对话，提取客户意向、购买异议点、决定购买的周期等信息，这些信息对销售团队来说非常有价值，将相关数据通过 API 导入企业微信的 SCRM 工具或企业内部的 CRM 工具中，销售团队可以在合适的时间获得再次与客户沟通的提醒，更从容地跟进客户、提高销售业绩。

人工智能大模型不仅能够兼顾多模态数据处理，还能够处理复杂的语境和多层次的信息，通过深度理解语义信息，捕捉更多隐藏在数据中的细节和趋势，提供更加精准、全面的数据分析结果。基于人工智能大模型的客户洞察和预测可以帮助企业优化营销方案，制定更具针对性和个性的营销策略，实现从经验决策到数据驱动决策的转变。

10.4.2 数据资产如何助力人工智能大模型的发展

如今,各行业都有自己的人工智能大模型,而所属领域越专业,数据资产的价值、意义越大。数据资产是如何助力人工智能大模型的发展的呢?我们分领域详细介绍。

(1) 金融领域

金融业是单位数据产出较高的行业,以银行为例,每 100 万美元的数据产出高达 820GB,是制药业、零售业相关企业的 2 倍多。当前,中国金融机构的数据资产规模已达到千亿级,且数据质量较高。

金融领域的人工智能大模型可以应用这些高质量的数据资产更好地了解客户的需求,并进行风险评估和预测,为客户提供个性化的金融产品和服务。目前,一些创新意识强的银行已经在尝试利用金融领域的人工智能大模型为金融服务的精准化触达、精细化升级提供新的可能。

(2) 医药领域

在医药领域,数据资产可以为医疗方面的人工智能大模型突破数据瓶颈提供支持。医药领域的数据涉及大量的专业医学知识,对这些数据进行正确的标注和理解,需要相关人员有医学研究背景。

以杭州景联文科技有限公司为例。

杭州景联文科技有限公司拥有丰富的医学专家资源、超 100GB 的医疗知识文本、大量的专业医学论文,以及无数高分辨率、准确性的医学图像,所有数据都已经过专业医学人员的标注、质检,故能为大模型医疗提供图像和 NLP 相关数据采集、数据标注服务。

依托高质量数据训练出的人工智能大模型能够辅助医药工作,提高诊断的准确性和效率。

(3) 家电领域

如今,我国的智能家电产业已有较为完善的产业链,为人工智能技术的应用提供了广阔的场景和丰富的数据支持。通过不断加强产、学、研合作，建设智能家电行业的数据库和人工智能大模型能够推动人工智能技术在家电领域的创新应用，为消费者提供更智能、便捷、个性化的产品和服务。

通过上述分析，我们可以判断：任何行业的人工智能大模型都需要庞大的、高质量的数据资产作为后盾。衡量一款人工智能大模型是否优秀，可以关注其背后的数据资产是否丰富、是否专业。

10.4.3 数据资产加持下的人工智能大模型的未来

借助数据资产，人工智能大模型的未来会更加让人惊喜。

首先，从技术发展趋势上看，随着数据资产的不断累积，人工智能大模型的规模将不断扩大，具备越来越强的通用性和泛化能力，能够处理更加复杂多样的任务。

其次，多模态融合成为人工智能大模型发展的重要方向。现实世界中的信息往往是多模态的，融合文本、图像、音频等多模态数据，将让人工智能大模型能够更加全面地理解信息，为各行业提供更精准的解决方案。例如，在智能客服领域，融合文本、语音等多模态数据的人工智能大模型能够更准确地理解用户意图，提供更智能化的服务。

再次，在数据资产管理方面，人工智能大模型将不断优化数据采集、整合、清洗、校验、分析等环节。优秀的人工智能大模型可以依托自然语言处理技术从文本数据中提取关键信息、依托机器学习技术自动筛选有价值的数据、依托聚类算法识别并删除重复数据等。

最后，在数实融合方面，面向垂直场景的行业人工智能大模型将不断涌现，推动产业数字化和数字产业化纵深发展。例如，在医疗领域，结合医学知识和临床数据训练的人工智能大模型可以辅助医生进行疾病诊断和治疗方案制订；在智能制造领域，通用人工智能大模型（如行业大模型）可以与现有的专用小模型（如缺陷检测、预测性维护模型）互补融合，通用人工智能大模型提供全局优化与决策支持，专用小模型保障高精度执行，从而赋能研发、生产、运维等工业制造的各环节。在这种情况下，数据资产将成为数实融合的关键要素，通过打通供给与需求，打破产业与金融之间的边界，构建基于数据资产内外部协同的全新生态体系。

总之，数据资产与人工智能大模型的融合发展有无限可能。未来，数据资产与人工智能大模型会在更多领域发力，不断为经济社会的发展注入新的动力。

10.5 数据资产与跨学科建设和创新

在链接不同学科，实现跨学科建设和创新方面，数据资产有着不容忽视的优势。

在数字化时代，各学科的交叉探索趋势越来越明显，而数据资产的价值评估、管理和应用能够为各学科提供更全面的数据支持与理论支持。

2024年10月，中国人民大学举办"数据定义未来，数据资产评估：多学科交叉新探索"论坛，会上，来自政府部门、行业协会、研究机构及企业的200余名代表共同探讨数据资产评估这一新兴跨学科领域的前沿议题，标志着数据资产的跨学科应用越来越受到重视。

10.5.1 数据资产促进跨学科建设和创新的方式

数据资产是如何促进跨学科建设和创新的？如图10-3所示。

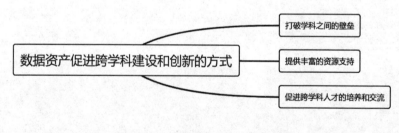

图 10-3

首先，数据资产可以用于打破学科之间的壁垒。

不同的学科往往有着各自独立的研究方法和数据来源，而通过对数据资产进行整合和分析，我们可以发现不同学科之间的关联和共性，为跨学科建设和创新提供新的思路、方向。例如，在医药领域，通过整合和分析临床数据、基因数据、影像数据等多源数据，可以为医学研究提供更全面的视角，促进医学与生物学、计算机科学等学科的交叉融合。

其次，数据资产可以为跨学科建设和创新提供丰富的资源支持。

随着数字技术的不断进步，数据的获取和存储越来越便捷，企业和机构均能积累大量的数据资产，这些数据资产涵盖各领域的信息，可以为跨学科建设和创新提供丰富的研究素材、实验数据。例如，在环境科学领域，通过分析气象数据、地理信息数据、生态数据等多学科数据，可以获得有关环境保护和可持续发展的科学依据。

最后，数据资产的应用可以促进跨学科人才的培养和交流。

在跨学科建设和创新的过程中，不同学科背景的人才需要高效合作。数据资产的管理和分析涉及计算机科学、统计学、管理学等多个学科领域的知识，这为跨学科培养人才提供了契机。此外，对数据资产进行共同研究和开发，可以促进跨学科的人才交流、合作。

10.5.2 数据资产促进跨学科建设和创新的尝试

目前，**中国的数据资产促进跨学科建设和创新的尝试主要集中在高校、科研机构**。最典型的是环同济"校外课堂"，即"环同济研发设计服务特色产业基地"，以同济大学四平路校区为核心进行跨学科探索。

环同济"校外课堂"对环同济知识经济圈"学科＋产业"的深度融合起到了极大的促进作用，有利于形成跨学科创新高效协同——通过搭建校内创新策源与校外产业落地的对接平台，串联原始创新、创新转化、创新应用"三创闭环"，推动"0—10""10—0"双向正循环，加速实现"创意—创造—创新—创业"贯通。

目前，环同济模式已经取得了良好的跨学科成就。

举个例子，同济大学建筑与城市规划学院景观学系副教授董楠楠围绕"国际化视角下的生态工程数字化与可持续化"项目，为设计产业链企业提供了绿色技术信息和低碳管理经验，推动了跨学科的融合与创新。

再举一个例子。对环同济模式的探索使用，甚至已经进入中小学体系。由来自上海的邵晨、宋赛萍、王辛、乔芳组成的跨学科教研团队结合地理学科、生物学科的相关知识，设计了"崇明清水蟹'爬'上了云贵高原"这一跨学科教学案例：首先，教师使用多媒体设备展示崇明清水蟹的图片和视频，帮助学生了解其生活环境和习性；其次，学生分成小组，通过互联网、图书馆等途径，全面收集崇明清水蟹的相关资料，并进行整理和分析；最后，为了让学生更好地理解生物与环境的关系，教师组织学生进行实地考察，直观了解清水蟹的生活环境和习性。

在这个跨学科教学案例中，数据资产发挥了重要作用。例如，教师可以利用在线教学平台打破地域限制，实现优质教育资源共享；可以通过数据分析及时查看教学中的高频词，进行教学反思和改善。

通过以上两个案例可以看出，数据资产在数字化时代具有重要的地位，对跨学科建设和创新有着强大的推动作用。

10.6 数据资产与脑机接口等科技形态

科幻电影中,脑机接口等科技产品的应用总是让观众满怀憧憬:类似场景究竟什么时候才能在日常生活中出现?

其实,伴随着数据资产的普遍应用及相关科技的进步,类似的科幻场景已经逐步出现在我们的日常生活中。

对脑机接口等科技产品来说,相关概念早已出现,为什么直到大数据时代才真正进入实验阶段与落地阶段?因为数据资产的普遍应用是这类科技产品实验与落地的契机。数据资产能够为这类科技产品提供足够规模的样本数据——拥有来自不同人群、不同场景,能够涵盖更广泛的大脑活动模式和行为表现的样本数据,才可能训练出精确的解码模型。

相关资料显示,在大数据的支持下,人们可以对大脑电信号进行更精细的分析和处理,提高解码的准确性和稳定性。与此同时,通过对大量行为数据进行分析,人们可以更深入地了解大脑与行为之间的关联。相关技术的不断进步,为脑机接口的应用提供了更明确的可能性。如今,在医疗领域,借助数据资产,医生可以更高效地确定患者的大脑活动与疾病症状之间的关系,进而制订更精准的治疗方案;在教育领域,教师可以根据学生的大脑活动特点,为不同的学生提供个性化的学习建议,提高他们学习效率。

不仅如此,云计算技术也为脑机接口的信号传输和处理提供了强大的支持。依托云计算技术,可以将大量的脑电信号数据传输到云端进行存储、分析,实现数据的分布式存储和计算,极大地提高数据处理效率。通过对海量的数据进行挖掘、分析,可以提取更多有用的信息,为脑机接口的应用提供更丰富的资源支持及改进依据。

依托这些技术的综合应用,脑机接口等科技产品才有了落地基础。

脑机接口只是一个代表。事实上,借助数据资产的普遍应用,越来越多的科技产品、科技理念、科技服务在陆续走出科幻电影,成为现实。

10.6.1 医疗健康领域

依然以脑机接口为例。目前,在医疗健康领域,脑机接口已经投入应用。

首先,针对脊髓损伤、卒中等中枢神经系统损伤引起运动功能障碍的患者,脑机接口可以通过捕捉大脑发出的运动指令驱动骨骼或植入式电极刺激肌肉,帮助患者重获运动功能。

其次,脑机接口可以用于调控神经回路活动,治疗神经性疾病。例如,在癫痫诊疗领域,脑机接口可以通过脑电输出和判断大脑的功能、疾病信号,诱发患者的功能区响应,进而依托手术切除、热凝、激光损毁等技术辅助实现对大脑的癫痫网络的改变、治疗。对于帕金森病、阿尔茨海默病等神经退行性疾病,脑机接口也有望提供新的治疗途径。

最后,在抑郁症、焦虑症等精神疾病诊疗方面,脑机接口也可以发挥重要作用。通过学习算法提取脑电信号特征,脑机接口可以完成对多种情绪的判断、分析,用于精神疾病的发病机制研究和辅助治疗。此外,神经反馈训练也可以在精神疾病康复治疗方面发挥积极作用。

10.6.2 游戏娱乐领域

在游戏娱乐领域,大数据可以结合 VR/AR 技术,将玩家的思维信号转化为操作,帮助玩家用意念控制游戏,实现更自由地操作,优化玩家的游戏体验。例如,在界面导航、选项控制方面,玩家可以用意念控制 VR 界面的导航和选项,获得不同于传统游戏控制方式的新操作体验；在物体交互方面，玩家可以用意念控制虚拟物体的大小、形状和位置，进行更多样的游戏操作；在行为互动方面，玩家可以用意念控制游戏中的角色和物品，与其他玩家进行互动、竞争，获得更丰富的游戏体验和社交体验。

10.6.3　交通安全领域

如今，脑机接口等科技产品越来越受到政府层面的关注，例如，工业和信息化部已在积极推动脑机接口标准化建设，提出利用脑机接口对驾驶行为进行安全监测，结合生理等其他指标信息，监测驾驶员的异常状态，判断其注意力是否集中、是否疲劳驾驶等，为交通安全提供新的保障。

虽然当前脑机接口的应用还存在技术瓶颈，但随着人们对大脑机理的认知不断提升，以及数据资产相关技术的不断发展、进步，脑机接口的发展前景值得期待。

类似的科技产品的研发与应用通常涉及多个领域，涵盖电极/芯片等硬件设计、生物信号处理算法开发，以及操作系统级软件集成，是典型的跨学科研发与应用。随着技术的不断进步和市场需求的不断增长，相关产业链必将逐步完善。

11 数据资产与医疗健康
CHAPTER

如今,数据资产在医疗健康领域发挥的作用越来越大,那么,它是如何促进医学创新和电子病历数据共享的呢?

本章,我们不仅会关注数据资产与医学创新、电子病历数据共享的关系,还会深入探讨医疗理赔/结算、疾病筛查、疾病监测与管理中的数据化应用,展示数据资产对医疗健康行业的全方位影响。

11.1 健康信息共享与医学创新

随着数字化医疗、诊疗人工智能等技术的飞速发展，数据资产成为推动医疗健康产业转型升级的关键力量。其中，健康信息共享与医学创新成为数据资产在医疗健康领域发力的重点。

11.1.1 已取得的成果

在医疗健康领域，数据资产的应用已取得了很多不容忽视的成果，接下来，我们择重点进行介绍。

（1）医疗服务效率得以提高

医疗健康数据的可复制性使得数据能够快速在不同医疗机构、科研机构、政府部门之间实现共享。建立医疗健康数据共享平台后，医疗机构可以及时获取患者的病历记录和检查结果，从而提高诊断效率、治疗效率。

（2）医疗服务质量得以升级

医疗健康数据包括患者的基本信息、病历记录、检查结果等，能够为医生精确诊断疾病、制订治疗方案、评估治疗效果提供有力支持。将相关数据资产应用于流行病学研究、药物研发、医疗保险等领域，能够为科研和保险发展提供有力的保障。

（3）患者的就医体验得以优化

一方面，患者可以通过移动端应用程序便捷地获取在线预约、咨询、查看检查报告等服务，减少排队等待的时间；另一方面，在医疗机构能够依托数据资产应用技术，根据患者的健康状况和行为自动为患者设置标签，构建精准的"客户画像"的情况下，患者能够获得个性化医疗服务，极大地提高就医满意度。

（4）智能问诊系统得以落地应用

目前已广泛落地应用的医学创新成果之一是智能问诊系统。

依托机器学习技术完善智能问诊系统。训练医疗健康领域的智能客服，通过使用智能客服与患者完成问答，采集患者的基础信息、病史信息。在大型传染病高发期，应用这种智能问诊系统能够有效避免人群聚集，减少患者在医院内的现场就诊时间，大幅降低交叉感染概率，提高医患沟通效率。

依托深度学习技术（图像识别技术）完善智能问诊系统。在医疗健康领域，图像数据规模庞大且复杂，经常有万亿级别的图像数据需要完成大规模处理和存储。在这种情况下，依托深度学习技术，特别是卷积神经网络（CNN），可以通过卷积、池化和全连接层实现特征提取和分类。目前，相关技术广泛应用于图像分类、目标检测、图像生成、图像增强、图像分割等任务，例如，针对肿瘤研究，通过整合临床信息、图像基因组数据等，人工智能能够为研究者提供全方位、多层次的肿瘤样本信息，揭示肿瘤的基因变异和表达谱，助力医学科研者深入了解患者对治疗的个体化响应。

依托自然语言处理技术完善智能问诊系统。依托自然语言处理技术可以将非结构化的医疗记录、病人病历、医学文献等转化为结构化内容，主要用于辅助完成对医疗文本的理解、分析。

目前，已有医学类人工智能大模型可以通过语义分析和实体辨别，识别病人的病情、药物治疗方案等关键信息，不断提高着智能问诊系统的智能化水平。

（5）精准医疗得以落地应用

除了智能问诊系统，精准医疗也是目前已广泛落地应用的医学创新成果之一。在制订个性化治疗方案方面，精准医疗的应用尤为广泛。

先进的精准医疗系统能够通过整合患者的基因测序数据、临床信息、影像资料等多源数据，深入了解患者的疾病特征和个体差异，进而为其制订个性化治疗方案。例如，某机构通过整合不同类型的数据，为医学研究者提供了全景式肿瘤研究平台，助力肿瘤的基因变异情况和表达谱分析；为临床医生提供了强有力的决策支持工具,如 DNA 突变谱和生存分析,帮助他们在复杂的临床情境中进行更加精准的选择、制订出更加个性化的治疗方案。

在精准医疗的应用过程中,基因测序技术非常重要。依托基因测序技术,研究者可以对大量患者的基因测序数据进行分析,发现特定的基因变异与疾病的发生、发展和治疗反应之间的关联,为疾病的早期诊断、精准医疗方案的制订、疗效的评估等提供重要依据。

11.1.2 亟待解决的问题

虽然数据资产的应用给医疗健康领域带来了可喜的成果,但目前,相关技术多在一线城市、二线城市及经济发达地区使用,在更多的三线城市、四线城市,相关技术的普及、推进存在阻力,这是亟待解决的问题。

为什么会出现这样的问题呢?

其一,出于数据安全及隐私保护顾虑,许多医疗机构不愿意共享数据,大量的数据沉睡在各医疗机构中。这种顾虑不是毫无道理:一方面,数据泄露可能会给患者的心理健康、家庭关系、社交关系带去不良影响;另一方面,数据泄露可能会给医疗机构带来严重的法律问题和负面的社会影响。

其二,部分医疗数据未达到共享标准。不同医疗机构的信息系统不同,临床数据的标准化程度低、数据格式/编码标准/术语系统差异大等因素,使得数据难以实现共享。这一点,不仅会阻碍大数据分析和人工智能技术在医疗健康领域的应用,还会影响医疗服务的质量和效率。

完善安全防护机制以应对不断升级的信息安全威胁,制定数据收集、整理标准以规范医疗数据呈现形式等,都是解决上述问题、推动健康信息共享与医学创新的有效举措。

11.2 电子病历中的数据互认共享

随着数据资产在医疗健康领域的应用不断深入,电子病历中的数据在加速实现互认共享。

11.2.1 电子病历数据互认共享的必然性

为什么电子病历会成为数据资产在医疗健康领域深入应用的突破口?因为电子病历数据互认共享至少有以下3个好处。

(1) 大幅提高医疗效率

在传统医疗模式中,患者在不同医院就诊时,医生往往需要重新了解患者的病史、检查结果等信息,这不仅浪费时间,还可能因患者记忆不准、叙述不清而影响诊断的准确性。电子病历数据互认共享后,医生可以快速调阅患者在其他医疗机构的病历信息,大幅缩短诊断时间,提高医疗效率。

(2) 显著降低患者的医疗负担

重复检查是患者就医过程中的一大痛点。在电子病历数据不互认共享的情况下,患者在不同医院就诊时重复做一些相同的检查是难以避免的,这不仅会增加患者的经济负担,还会给患者带来身体上的不适。电子病历数据互认共享后,重复检查可显著减少,患者的医疗费用会随之降低,检查过程中身体上的不适也会随之减少。

(3) 为医学研究提供丰富的病例资源

通过对大量的电子病历数据进行分析,医疗机构能够快速发现疾病的潜在规律,并准确判断治疗方法的有效性,为医学科研提供有力支持。与此同时,医疗机构能够提高相互学习、借鉴的频率、效率,有利于整体医疗服务水平的提高。

11.2.2 电子病历数据互认共享的现状

因为电子病历数据的互认共享会给整个医疗体系带来革命性变化，所以国家在不断推进电子病历的普及。2020 年 12 月，国家卫生健康委员会（以下简称国家卫健委）印发《关于深入推进"互联网＋医疗健康""五个一"服务行动的通知》，要求二级以上医院加快实现院内医疗服务信息互联共享和业务协同，推动医疗机构间电子病历等医疗健康信息调阅共享。

国家卫健委的数据显示，截至 2022 年 9 月，我国全民健康信息化建设成效显著，国家级全民健康信息平台基本建成，"互联网＋医疗健康"便民惠民服务向纵深发展，7000 多家二级以上公立医院接入区域全民健康信息平台，2200 多家三级医院初步实现院内信息互通共享。

除了国家层面的积极推进，各地也在不断探索电子病历数据的互认共享。

（1）天津市

2024 年 5 月 28 日，为进一步加快推进天津市二级及以上医疗机构信息化水平提升，天津市卫生健康委组织制定了《天津市智慧医院能力提升三年行动计划（2024—2026 年）》，着力推进电子病历分级评价、医疗健康信息互联共享，将居民身份证号作为健康档案、电子病历等数据共享的主索引，支持患者凭身份证或医保卡挂号、就诊，支持医生查询患者历次就诊信息。

与此同时，天津市卫生健康委与天津电信合作开展智慧云影像项目试点建设，实现全市 6 家医疗机构影像及诊断数据的集中存储、查询，市民可通过"健康天津"APP、"医惠健康"APP 和公众号查询相关信息。

（2）甘肃省

截至 2023 年 11 月，甘肃省通过数字化赋能建设的检查检验结果互认共享平台已对接二级以上医疗机构 214 家，检验结果互认项目扩展至 100 项，为患者节约费用达 6.7 亿元。

甘肃省的部分医院甚至进行了更深入的探索：定西市人民医院通过电子病历协

同客户端,实现了患者在其他医院的就诊记录、检查检验结果的互认共享;兰州大学第二医院每天为患者提供的互认项目达 7400 多项。

(3) 浙江省

作为经济强省,浙江省在医学检查检验结果互认共享方面也有积极探索。

2021 年,浙江省启动试点,开始探索医学检查检验结果互认共享,并逐步建立相关标准。2022 年 1 月,浙江省卫生健康委宣布全省所有二级以上医院(含公立、民营)实现检查检验结果互认共享,覆盖 436 个检验检查项目。截至 2022 年末,浙江省医学检查检验结果累计互认超 3000 万项次,节省医疗费用超 11 亿元。2023 年,浙江省互认项目进一步扩展,并纳入数字化改革(如"健康浙江"平台)。

不局限于以上 3 个省市,如今,已有越来越多的省市加入电子病历数据互认共享行列,此处不再逐一介绍。

11.2.3 电子病历数据互认共享需要强化顶层设计

针对电子病历的互认共享,各地都在积极探索,但是医疗健康行业不同于其他行业,其与民众的生活和健康密切相关,是社会保障体系的重要组成部分,想要让相关探索过程更加顺利,必须强化顶层设计。

(1) 国家层面的标准制定

国家应积极建立信息标准相关规范,明确电子病历软件的操作标准及数据接口标准,为电子病历的升级提供有力的指导。

例如,在国家卫生计生委(已于 2018 年 3 月设立中华人民共和国国家卫生健康委员会后撤销)发布的《电子病历共享文档规范》中,有对电子病历共享文档模板、文档头、文档体的一系列约束,该文件适用于规范电子病历信息的采集、传输、存储、共享,以及信息系统的开发应用。

目前,国家卫健委组织制定的《电子病历系统应用水平分级评价管理办法(试行）》和《电子病历系统应用水平分级评价标准（试行）》将电子病历系统应用水平划分为 9 个等级，各等级的标准包括对电子病历各局部系统的要求和对医疗机构整体电子病历系统的要求，有助于全面评估各医疗机构现阶段电子病历系统应用达到的水平，建立适合我国国情的电子病历系统应用水平评估和持续改进体系。

只有让标准规范化，才能持续推进电子病历的升级，为电子病历数据的互认共享奠定坚实的基础。

（2）省级层面的规则统一

各省需要积极建立互通共享机制，制定互认项目目录和质控标准，循序渐进地扩大互认范围。例如，甘肃省先将 7 项检验结果、5 项超声检查结果、7 项影像检查结果等项目列入互认项目目录，并组织省临床检验、超声影像、放射影像质控中心研究制定相关标准，为各级医疗机构开展检查检验结果互认提供标准依据，再依托全民健康信息平台，推动检查检验结果互认范围从 19 项扩展至 100 项，全面覆盖二级以上医疗机构。类似的努力是非常积极的尝试。

（3）医院层面的信息化建设

按照医院信息化建设标准与规范要求，各大医院要建立机构内的互认工作管理制度，加强人员培训，规范工作流程，为相关医务人员开展互认工作提供必要的设备设施及保障措施。

从电子病历的建设要求来看，检查检验结果的互通共享是高级别电子病历建设的基本要求。例如，推进电子病历系统 5 级建设，不仅能够助力智慧医院发展，推动全院各系统数据按统一的医疗数据管理设计进行信息集成及跨部门展示，还能够为医疗管理和临床科研工作提供数据挖掘支持，保障医疗质量与安全，完成更加精细化的管理，让电子病历更好地发挥作用。

11.3 数据资产与医疗理赔结算

医疗理赔结算在不少人眼里是"老大难"问题,因为在医疗理赔结算过程中总会遇到各种障碍。

那么,借助数据资产,医疗理赔结算能否更加便捷?本节我们详细介绍。

11.3.1 医疗理赔结算的数据化探索

目前,已经有企业、机构开始进行医疗理赔结算的数据化探索,举例如下。

(1)中国人寿保险(集团)公司的全流程无人工理赔

2023年以来,中国人寿保险(集团)公司(以下简称中国人寿)在多个省市试点"全流程无人工理赔",数据显示,试点地区人工作业时间缩短超90%,自动通过赔案比例为5%~15%。截至2023年末,中国人寿寿险的"理赔直付"赔案量超过727万件,赔付金额近50亿元,最快可达秒级理赔。这种尝试,给行业内企业、机构树立了榜样。

(2)苏州商业医疗保险"一键式"快速理赔体系

苏州商业医疗保险"一键式"快速理赔体系将更多机构纳入其中。

据苏州市人民政府网站新闻,2023年10月10日,苏州商业医疗保险"一键式"快速理赔体系上线试运行,实现了2000元以下理赔"秒到账",2000元以上资料齐全理赔"日结清",其他复杂理赔72小时内"快速赔"。

苏州商业医疗保险"一键式"快速理赔体系得以运行的关键在于其底层的大数据集成对接了全市所有医保覆盖医疗机构的挂号、住院、发票等医疗数据,投保人不需要提交传统纸质资料,只需要通过"苏周到"APP注册并实名登录"商保理赔一件事"提交相应资料,即可完成商保理赔申请,并查询本人名下的商保公司保单情况和历次理赔记录。截至 2023 年 10 月，中国人寿、太平洋保险等 10 家保险公司已完成与该体系的系统对接，支持快速理赔。

（3）重庆市健康保险服务平台

重庆市依托医疗大数据打造了重庆市健康保险服务平台，与前两个实例不同的是，重庆市健康保险服务平台将更多的医院纳入其中。

遵循"分步实施，急用先行"的原则，重庆市健康保险服务平台以重庆市健康医疗大数据为依托，以快速理赔服务和核保核赔调查服务为切入点进行建设，截至 2024 年 7 月，重庆医科大学附属第一医院、重庆医科大学附属第二医院等 10 家医院已试点上线快速理赔服务，核保核赔调查服务已覆盖重庆市 200 余家医院。

在重庆市健康保险服务平台上，重庆市市民在已试点上线快速理赔服务的医院就诊后，可授权保险公司通过平台实时获取费用清单等就诊信息，不需要另行提供纸质材料，理赔处理效率显著提高。

11.3.2　医疗理赔结算的数据化推进

如何在全国范围内推广以上成功模式，推进数据资产与医疗理赔结算的融合呢？如图 11-1 所示。

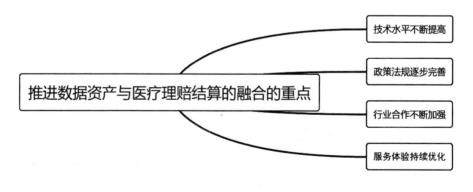

图 11-1

对以上 4 个方面详细介绍如下。

(1) 技术水平不断提高

想要实现数据化医疗理赔结算的全面普及，必须配合人工智能、区块链、大数据等技术水平的不断提高。例如，依托区块链技术，做到医疗数据安全共享、不可篡改，提高大众对数据化医疗理赔结算的信任度。

(2) 政策法规逐步完善

政府需要加强对医疗数据的管理和规范，明确医疗数据的所有权、使用权、经营权，保障患者的隐私和数据安全。

例如，国家数据局等部门发布的《"数据要素 ×"三年行动计划（2024—2026 年）》明确提出：提升群众就医便捷度，探索推进电子病历数据共享，在医疗机构间推广检查检验结果数据标准统一和共享互认；便捷医疗理赔结算，支持医疗机构基于信用数据开展先诊疗后付费就医；推动医保便民服务，依法依规探索推进医保与商业健康保险数据融合应用，提升保险服务水平，促进基本医保与商业健康保险协同发展；有序释放健康医疗数据价值，完善个人健康数据档案，融合体检、就诊、疾控等数据，创新基于数据驱动的职业病监测、公共卫生事件预警等公共服务模式；加强医疗数据融合创新，支持公立医疗机构在合法合规前提下向金融、养老等经营主体共享数据，支撑商业保险产品、疗养休养等服务产品精准设计，拓展智慧医疗、智能健康管理等数据应用新模式、新业态；提升中医药发展水平，加强中医药预防、治疗、康复等健康服务全流程的多源数据融合，支撑开展中医药疗效、药物相互作用、安全性等系统分析，推进中医药高质量发展。

相关政策的出台，会为推进数据资产与医疗理赔结算的融合提供强有力的政策支持。

(3) 行业合作不断加强

医疗机构、保险公司、科技公司等各方要不断加强合作，共同推动数据资产与医疗理赔结算的融合发展。具体而言，医疗机构要提供更加准确、完整的医疗数据，保险公司要应用数据资产优化理赔服务和保险产品设计，科技公司要提供先进的技术支持。

唯有各方通力合作，才能实现资源共享、优势互补，共同打造更加便捷、高效、安全的医疗理赔结算服务体系。

（4）服务体验持续优化

随着数据资产与医疗理赔结算融合的深化，患者的医疗理赔结算体验必将得到优化，比如，需要提交的纸质材料越来越少、理赔结算的等待时间越来越短。患者将体验感受以数据形式反馈给医疗服务机构、企业后，相关机构、企业可以根据患者的个性化需求，提供更加精准的产品和服务，持续优化患者的医疗理赔结算体验。例如，通过对患者的医疗数据和健康状况进行分析，保险公司能够为患者提供定制化保险方案，满足患者的特定保障需求。

此外，随着数据资产与医疗理赔结算融合的深化，医疗理赔结算的透明度将不断提高，在可以随时查询理赔进度和结果的情况下，患者对保险服务的信任度也将不断提高。

总之，数据资产与医疗理赔结算融合发展的前景广阔，伴随着技术水平不断提高、政策法规逐步完善、行业合作不断加强和服务体验持续优化，医疗健康产业必将越来越智能化。

11.4 数据资产与疾病筛查

在数据资产与电子病历、医疗理赔结算联系得越来越紧密的同时,疾病筛查也在逐步进入数据化应用阶段。

疾病筛查的数据化应用同样依托相关技术的快速进步,例如,在人工智能辅助诊断中应用深度学习和图像识别技术,能够快速、准确地识别癌症病变,提高诊断的准确性和诊断效率。从医疗影像分析到基因检测,各种先进技术手段的使用,让大量的医疗数据能够被更准确地收集、分析。

在相关技术的快速进步之外,民众的健康意识提升也在助力疾病筛查的数据化应用。如今,人们越来越关注自身的健康状况,对疾病的早期筛查和预防有了更高的需求。

技术与需求的同步助力,让疾病筛查的数据化应用水平越来越高。

11.4.1 疾病筛查数据化的优势

为什么要大力推进疾病筛查数据化?与传统的疾病筛查相比,数据化的疾病筛查的优势在哪里?

(1) 筛查准确率明显提高

目前,人工智能医疗影像辅助诊断系统主要应用于心脑血管、髋关节等相关疾病的早期筛查,通过应用这一系统,筛查准确率提高到91%左右。

之所以能够获得筛查准确率的明显提高,是因为数据化的疾病筛查能够通过对大量的医疗数据进行深度学习和分析,识别微妙的疾病迹象,从而更精确地诊断疾病,降低诊断对医生的个人经验的依赖。

(2) 筛查成本显著降低

一方面，自动化分析和智能识别能够减少医生的工作量，降低人力成本；另一方面，优化数据采集、存储和分析流程能够减少对物力资源的浪费。

(3) 筛查速度显著加快

以透彻影像（北京）科技有限公司的人工智能辅助诊断平台Thorough Insights 为例，其借助图形处理器完成病理切片分析，单张切片的分析用时能够控制在 20 秒内，极大地提高了分析效率；在"未来诊室"中，借助人工智能辅助诊断技术，过去需要耗费 4～6 个小时的诊断流程被压缩到 10 分钟，极大地提高了诊断效率。由此可见，数据化技术的应用使得疾病筛查更加高效——在（病理切片）分析效率、诊断效率显著提高的基础上，疾病筛查速度显著加快。

11.4.2　成功模式：阜新市的女职工"两癌"筛查

目前，不少地区有疾病筛查数据化的相关探索，但多数是个人、企业的自发探索，没有大规模、集体化的特点。在这样的背景下，辽宁省阜新市的女职工"两癌"筛查的组织经验值得学习、推广。

2019 年，辽宁省阜新市总工会便有组织女职工进行"两癌"筛查的尝试；2021 年，辽宁省阜新市总工会更是紧随时代潮流，及时完善大数据体系，使用搭载"阜工惠"小程序和电子工会会员卡的大数据平台开展相关工作。

辽宁省阜新市总工会的相关工作流程如下。

首先，通过电子卡搭载筛查，做到"找人—服务"点对点。具体而言，先精准找到服务对象，确定困难企业名单，给企业发卡并指导其激活电子卡，再对女职工信息进行二次审核、校对，确定筛查名单。

其次，精准投放服务内容。具体而言，先将"电子筛查福利"精准投放至相关女职工的电子会员卡的"我的福利"中，再精准送达服务信息，实现"信息三次送达"，确保相关女职工及时知晓筛查活动并按时参与筛查。

最后，通过刷卡完成服务，做到"统计—核查"零差错。具体而言，一方面，优化筛查服务流程，实现错峰筛查，提高工作效率并确保统计精准无误；另一方面，设置手机端验证端口，为企业提供上门服务，形成闭环。

阜新市总工会披露数据：截至2023年末，"阜新市总工会订阅号"微信公众号粉丝已超过14万，短视频浏览量突破170万，阜新市女职工"两癌"筛查活动的影响力越来越大。

事实上，疾病筛查数据化的目的不仅是"及时治疗"，还有"全面防控"。例如，在糖尿病防控中，可以依托大数据对糖尿病高发人群的健康状况进行分析、预测，制订个性化防控方案，实现疾病的跟踪与提前管理；在肿瘤早期筛查中，可以依托大数据准确识别肿瘤高危人群，提高肿瘤早期信号的识别率，从容定制个性化治疗方案；在心血管疾病预防中，可以依托大数据对个体心血管疾病的发病风险进行评估，建立相关疾病高发人群的心血管健康档案，降低其突发心血管疾病后得不到及时治疗的风险。

随着越来越多的疾病可接受数据化筛查，中国的卫生健康事业将会进入全新的发展阶段。

11.5 数据资产与疾病监测、管理

疾病监测、管理同样有数据化趋势，数据资产的应用将大幅提高医疗机构的疾病监测、管理效率。

一方面，通过分析患者流动情况、医疗资源使用情况，医疗机构可以合理优化资源分配，提高服务质量，减少患者的就医等待时间；另一方面，数字化医疗记录和信息共享平台的应用可以帮助医生快速获取患者的病历信息，提高诊断的准确性和诊断效率。

目前，疾病监测、管理的数据化主要通过以下途径实现。

11.5.1 疾控中心的信息化建设

各地疾控中心依托大数据技术搭建数据服务平台，针对多种疾病进行动态监测、风险评估等信息化处理。例如，山东环球软件股份有限公司研发、建设的智慧疾控平台依托大数据、人工智能等技术，重塑、优化了疾控中心业务流程和工作模式，其核心优势在于有强大的监测预警能力，实现了监测方法由被动、静态到主动、动态的转变，完成了预警数据由来源单一到多元汇聚、监测技术由人工处理到人工智能处理的升级。

在该智慧疾控平台实现了与基层医疗机构的信息互联互通、业务融合，汇聚了各基层医疗机构积累的大量医疗数据的情况下，使用该智慧疾控平台不仅能够实时、准确地了解城市公共卫生安全风险，还能够对传染病等公共卫生事件进行全面监测、预警，提高面对疾病的防控能力和医疗资源的利用效率。

11.5.2 数据分析方案的规范化

如今,疾病监测信息报告管理系统的数据分析方案越来越规范化,往往有着明确的目的、依据、分析步骤、分析指标和文档框架。

(1)目的

数据分析方案的撰写目的包括标注数据收集来源、理顺数据整理流程、明确数据分析方法、统一数据分析内容和格式、发挥数据价值。

(2)依据

数据分析方案的撰写依据包括《中华人民共和国传染病防治法》《传染病监测信息报告管理规范》等。

(3)分析步骤

数据分析方案中的分析步骤包括明确分析目的、确定分析内容和变量、抽取核心指标、进行数据清洗、构建分析数据库等。

(4)分析指标

数据分析方案中的分析指标可分为核心指标和辅助指标,核心指标为直接对应分析问题的关键指标,辅助指标为支持性描述或敏感性分析指标。

(5)文档框架

数据分析方案的框架包括概述、重点疾病/疫情分析、数据来源分析、质量评价等部分。

11.5.3 远程数字化管理的应用

对疾病管理,尤其是慢性疾病管理来说,远程数字化管理能够更及时、安全、准确地向医生传输患者的疾病监测数据,满足患者在身体条件允许的情况下选择非入院治疗,兼顾健康状况监测与日常生活正常化的刚性需求。

未来，伴随着数据资产在医疗体系中的广泛应用，个性化医疗必然会越来越受欢迎。医生能够根据患者的遗传信息、生活习惯和生活环境，为每位患者设计个性化医疗方案；医药企业能够参与循证医学研究，生产能够对患者进行疾病预防、治疗、管理的数字化干预产品，为患者提供更加精准的医疗服务……这一天，大概不会太远了。

12 数据资产与教育发展
CHAPTER

在教育领域,数据资产如同一位智慧的导师,引领着大众不断精进、提高。

本章,我们详细聊聊数据资产是如何在基础教育和成人教育中辅助知识产权保护的,以及数据资产应该怎样在个性化教育、教育培训和企业岗位培训中发挥作用。

12.1 基础教育中的知识产权保护与数据资产应用

基础教育是面向全体学生的国民素质教育，通常涵盖从幼儿园阶段到初中阶段的系统化教育，是国家教育体系的核心组成部分。

我国实行九年义务教育制度，涵盖小学至初中阶段，并向下延伸至学前教育阶段。我国的基础教育具有鲜明的普及性特征，旨在为全体国民奠定全面发展的素质基础。

12.1.1 基础教育中的知识产权保护与数据资产应用现状

在信息化时代背景下，基础教育涉及大量教材、课程资源和教学成果的知识产权保护问题。因此，随着教育数字化转型，如何合规应用教学数据资产、平衡数据共享与隐私保护，是基础教育创新发展需要特别关注的。

目前，中国的基础教育已经积累了大量的数据资产，例如，学生的学习数据、教师的教学数据。灵活应用这些数据资产，个性化教学可以获得有力的支持，比如，通过分析学生的学习行为、考试成绩等数据，教师可以精准地了解学生的需求，适时调整教学策略。

简单地说，基础教育数据资产包括由学校、教师或学生拥有或控制，以物理方式或电子方式记录的数据资源，能够为基础教育带来经济效益或社会效益。具体而言，除了学生的学习成绩数据/学习行为数据、教师的教学资源数据，学生的作文、绘画作品、手工作品等也属于基础教育数据资产。

相对于金融、医疗等领域，教育领域，尤其是基础教育方面的知识产权保护与数据资产应用尚处于起步阶段。浙江省于 2023 年 4 月 26 日上线了"浙江省数知识产权登记平台"，这是"浙江知识产权在线"的应用场景之一，以申请人自愿为前提，免费提供数据知识产权登记公共服务，不仅有利于明晰数据权益的归属、激发数据处理者创新使用数据的积极性，还有利于消除信息不对称、降低数据使用成本。

这种数据知识产权保护的实践经验能够为基础教育领域的知识产权保护和数据资产应用提供思路，但是，此举只是浙江省开展的相关探索活动，目前暂未有明确的基础教育知识产权保护与数据资产应用结合的典型案例。

很多人认为基础教育的相关数据属于免费使用的资源，事实上，正是这种认识遏制了基础教育中的创新力量。关注基础教育中的知识产权保护与数据资产应用，能够更有力地保障创作者的各项权益，鼓励师生积极创作、发明，进而不断提高基础教育的竞争力，培养更多创新能力强的人才。

关注基础教育中的知识产权保护与数据资产应用，直接受益者是教师与学生。比如，教师的教学成果（知识产权）受到保护，会让教师更加积极地投入教学工作。再如，学生的科技发明、文艺创作等创新成果（知识产权）受到保护，不仅会让学生尽早明确创新的价值和保护创新的重要性，还会激发学生的创新热情，从而获得更多创新成果。又如，加强创新宣传、普及创新成果、加大基础教育数据资产的应用力度，有利于营造创新氛围、优化创新环境、丰富教育/学习资源及工具。

12.1.2 基础教育中的知识产权保护与数据资产应用发展方向

聚焦基础教育，如何推动知识产权保护与数据资产应用的发展呢？如图12-1所示。

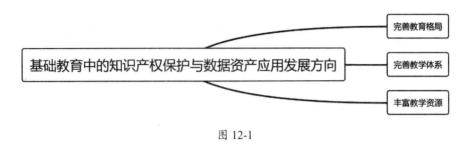

图 12-1

对以上 3 个方向详细介绍如下。

（1）完善教育格局

由教育主管部门牵头出台知识产权基础教育官方指导性文件，在不增加学生的课业负担的前提下，推进知识产权基础教育在中小学校的全面普及。

重视辐射带动，以既有试点示范校为圆点，鼓励更多中小学校开展知识产权基础教育，并针对知识产权基础教育发展较慢的地区，在政策、资金、人才等各方面给予倾斜支持，切实改善中小学校知识产权基础教育发展的区域不平衡现象。

（2）完善教学体系

加强对知识产权基础教育的指导，在相关课程大纲、学科教材中加入更多的知识产权相关内容，促进知识产权基础教育与学科教育深度融合，确保知识产权相关教学方向正确、内容丰富、常态化开展。

加强知识产权基础教育国际交流与合作，借鉴、引进优秀、成熟的国际知识产权基础教育理论与课程，完善我国知识产权教学体系。

（3）丰富教学资源

以"互联网＋教育"大平台为依托，建立中小学知识产权基础教育专门信息化平台，鼓励广大中小学校积极分享教学资源、加强教学经验交流。

推动分学段知识产权基础教育电子资源研发，发挥知识产权教研成果和实践案例的引领示范作用，促进不同地区、不同层次中小学校知识产权基础教育共同发展。

鼓励社会力量积极参与知识产权进校园公益活动，持续为广大中小学校提供新颖、优质、丰富的知识产权教学资源。

12.2 成人教育中的知识产权保护与数据资产应用

如今,越来越多的人有提升学历的需求,出现了"成人教育热"现象。在成人教育中,同样需要重视知识产权保护与数据资产应用。

12.2.1 成人教育中的知识产权保护和数据资产应用意义

成人教育中的知识产权保护主体包括教育机构(高校、成人教育培训企业等)、教师和学生。

对教育机构来说,知识产权保护是其核心竞争力的重要组成部分。拥有独特的教学方法、课程设计、教材等,才能吸引到更多的学生,提高自己的市场地位。一些教育机构会通过与知名企业合作开发专业课程并获得相关内容的知识产权,实现在市场竞争中脱颖而出的目标,这类教育机构对知识产权保护与数据资产应用的需求最迫切。

对教师来说,知识产权保护能够激励他们进行创新、研发。教师的教学成果,如教案、课件、学术论文,都应该受到知识产权保护,且都属于教育数据资产。在知识产权保护水平和数据资产应用水平较高时,教师投入教学和科研的动力会更足,进而为教育事业作出更大的贡献。

对学生来说,知识产权保护能够激发他们的学习积极性和创造力。学生在学习过程中产出的创新成果,如研究报告、项目设计,也都属于教育数据资产,应该受到知识产权保护。在知识产权保护水平和数据资产应用水平较高时,学生的创新成果的独特性更有保障,进而更有学习、创新的动力。

进一步分析,成人教育中的知识产权保护水平与数据资产应用水平甚至会对成人教育的发展产生长远的影响。

其一，知识产权保护水平和数据资产应用水平较高能够促进教育机构的合作与交流。

在成人教育领域，不同的教育机构往往拥有不同的优势资源，通过不断提高知识产权保护水平和数据资产应用水平，相关教育机构可以寻求知识产权合作与许可，通过资源共享提高整体教育质量。

例如，专注于职业技能培训的成人教育机构可以与在学术研究方面有深厚积累的高校合作，获取高校的优质教材和课程资源并将其融入自己的培训课程，帮助自己的学生接触更系统、更前沿的知识，进一步提高职业技能水平。

其二，知识产权保护水平和数据资产应用水平较高能够推动教育的创新性发展。

知识产权合作与许可不仅能够为教育机构提供资源共享的机会，还能够为知识产权所有者带来经济利益，将这种经济方面的回报投入教学研发，可以促成正向循环，不断开发出更优质的教学方法、课程内容、教材。

例如，一线教师开发出独特的教学方法后，可以通过知识产权许可让更多的教育机构使用该教学方法并据此获得经济回报，若该一线教师获得经济回报后将其投入教学研究，继续改进、完善，甚至二次创新自己的教学方法，很可能为成人教育事业作出更大的贡献。

12.2.2　成人教育中的知识产权保护与数据资产应用利益

在成人教育领域，不断提高知识产权保护水平和数据资产应用水平，不仅有利于成人教育的长远发展，还能够帮助相关主体获得直观的经济利益。

在介绍知识产权保护和数据资产应用对教育的创新性发展的推动作用时，我们简单谈到了与知识产权所有者相关的经济利益，接下来，我们以教育机构为例，聊聊更多的经济利益的体现。

首先，通过分析机构的课程销售情况、学员的学习行为习惯等数据，教育机构能够明确了解市场需求和学员偏好，进而制订更加精准的课程开发计划和营销策略。例如，发现某类课程的学习需求持续增长后，教育机构可以有针对性地加大相关投入，提高市场占有率，以期通过课程销售获得更多利润。

其次，通过分析教学效果、教学资源分布等数据，教育机构可以有的放矢地优化课程设置，避免课程的重复开发和课程资源的浪费，实现降低成本的目的。例如，通过分析教学效果数据，明确不同课程模块的平均教学时长和学员掌握程度，据此调整各课程模块的难易程度和教学方法，提高教学效率，降低教学成本。

最后，通过分析学员的考试成绩、学习进度等数据，教育机构可以及时掌握教学质量波动情况并从容地采取措施进行调整，合理地控制风险，避免学员流失、声誉受损等问题的出现。

总之，知识产权保护与数据资产应用在成人教育中有巨大的价值潜力，随着教育信息化的推进和大数据技术的进步，成人教育数据资产在成人教育领域将大有作为。

12.3 个性化教育中的数据资产应用

如今，个性化教育越来越受欢迎。不管是素质教育、学历教育等传统教育，还是职业教育、创业教育、兴趣教育等新兴教育，都可以尝试进行个性化教育。

个性化教育的突出特点是"一生一案"，即每个学生都能够获得最适合自己的教育方式。想实现这一点，必须加强数据资产应用，结合不同学生的特点，制订不同的教学方案。

12.3.1 诸暨市个性化教育的探索

浙江省诸暨市在个性化教育数据资产应用中有值得学习的积极探索。

2023年5月，浙江省诸暨市全面启动了"诸有优学"因材施教建设项目，以智慧作业为核心，通过数据驱动加快个性化教学步伐。这一项目的核心是大数据精准教学系统。

教育数字化改革是浙江省诸暨市于2020年启动的项目，在2021年，该市全面推动初中和小学期末统考通过线上系统进行，实现学业数据的大规模采集与分析。根据公开报道，截至2023年末，该系统已累计采集721.37万条学业数据，为教育管理部门、学校、教师及学生提供了多维度的分析报告。

在资源库建设方面，浙江省诸暨市不仅以"资源为本，应用为王"为基本理念，结合教研指导和实际应用需求，基于智慧作业平台构建了全学科、多场景的优质作业资源库，还使用自创和引进结合的方法联动名师工作室，启动"名师资源共建"计划，不断完善具有诸暨特色的优质教育资源。

此外，浙江省诸暨市还依托全过程教育数据管理服务打造了教育数据仓库，沉淀本地教育数据资产。依托精准教学推荐、五育综合评价、学情分析、教师能力评估等模块及教学数据应用模型,浙江省诸暨市构建了学生与教师的教学数字孪生画像,建立了个性化干预模型,能够精准提升学生成长和教师发展目标,验证真实教学场景下学习模式与教学方法的有效性,为持续优化教学效果提供数据支撑。

12.3.2 个性化教育数据资产的未来

通过了解浙江省诸暨市的个性化教育探索,我们可以看到,个性化教育是时代发展的趋势。这种趋势是由时代特点决定的:信息技术革命将人类带入大数据时代,个性化教育不再是天方夜谭。

借助数据资产,教育机构可以通过对学生发展数据进行收集、整理、融合、分析,更加清晰、准确地判断学生的潜能与成长方向。通过线上及线下、现实及虚拟等多重教育时空重建,学生的个性化学习逐渐成为可能。

个性化教育有助于培养出独一无二的、有极强创造力的"人",这是教育的真正使命,甚至可以说是教育的终极形态。

实现个性化教育的核心要点是收集、整合学生的数据。最基础的方法是通过收集学生的学习数据,如学习成绩、作业完成情况,了解学生的学习状态和学习能力。例如,通过对学生的考试成绩进行分析,学校发现部分学生在数学学科上有较大的提升空间,针对这一情况,学校可以及时采取措施,为相关学生提供额外的数学辅导资源,帮助他们高效地提高数学学科的成绩。

针对收集、整合学生的数据这项工作,最重要的一步是收集学生的行为数据。收集学生的课堂参与度、课外互动情况等行为数据,了解学生的学习习惯和行为特点,能为个性化教育的计划定制和实施提供支撑。例如,教师通过观察发现一些学生在小组讨论中表现得较为积极,另一些学生则沉默寡言后,可以给积极参与小组讨论的学生更多的挑战和机会,鼓励他们深入探究;同时使用个别辅导等方法,帮助在小组讨论中沉默寡言的学生克服害羞心理、胆怯心理,鼓励他们积极参与到小组讨论等学习活动中来。

想要做好这项工作，必须整合来自不同渠道的数据。学校系统、在线学习平台、教学软件等都是常见的数据来源，通过建立统一的数据管理平台，将这些分散在各系统中的数据整合起来，能够提高数据的使用效率，为教育决策提供更全面、更准确的参考依据。

个性化教育对数据资产的深度应用是教育发展的必然趋势，需要注意的是：虽然数据资产应用值得特别关注和勇敢尝试，但教育数据安全与隐私保护同样重要。教育机构需要加强对教育数据的安全管理和隐私保护，确保学生的个人信息和学习数据不被泄露、滥用，这要求相关机构不仅必须依托加密技术、访问控制技术、数据备份技术等，加强对教育数据的安全保护，还要制定严格的隐私政策和数据使用规范，确保学生的个人信息和学习数据得到合法使用。

12.4 ▶ 教育培训中的数据资产应用

教育行业的主体是教育机构。小学、中学、大学、公办职业教育学校等受到教育部门的直接领导，其数据资产应用有着明确的规定和规范；民营教育机构，如教育培训企业，因为自主权较大，所以应该更加谨慎地推进数据资产应用与管理。

12.4.1 教育培训企业对数据资产的全新认识

对教育培训企业来说，做好数据资产的应用与管理的前提是对数据资产有全新的认识。数据资产不是简单的学员数据汇总，不仅包括结构化数据，如学员的基本信息、成绩数据，还包括半结构化数据，如 XML、JSON 格式的数据（在培训过程中，课程设置、教学反馈等数据可能以这种形式存在），以及非结构化数据，如培训课件/教案、学员作品、荣誉成就。

这些数据资产从何而来呢？

这些数据资产一方面来自企业内部信息系统，另一方面来自教育行业研究报告、市场趋势分析报告等外部公开数据源。此外，传感器和社交媒体也可以实时捕捉学员的学习行为和反馈，不断丰富企业的数据资产。

教育培训企业的数据来源多元且结构复杂，因此需要更完善的数据资产管理体系，以及更高水平的数据存储技术。

目前，多数教育培训企业的数据资产存储依托的是大数据平台，如阿里云；部分教育培训企业的数据资产存储使用的是传统硬盘。无论使用什么工具进行数据资产存储，教育培训企业都需要做到：建立完善的数据管理制度，做好数据备份，定期将数据存储在不同的物理位置或云端，谨防数据丢失；做好数据访问权限控制，确保只有授权人员能够访问敏感数据；做好数据安全漏洞检测，及时发现并消除潜在的安全风险；建立完善的数据质量管理体系，确保数据的准确性和可信度较高，为企业决策提供有力支持。

12.4.2 教育培训企业的数据资产更多落地途径

应用数据资产的目的是让数据更好地服务于企业。教育培训企业的数据资产不仅可以应用于教学，还有更多应用场景如下。

（1）欠费预警

通过对学员上课课时、课费进行监测，及时提醒相关工作人员跟进欠费学员，提高营收额。例如，系统在学员的欠费达到一定阈值时发出预警，提醒工作人员及时与学员沟通，了解欠费原因，并采取相应的措施（如提供灵活的缴费方式或优惠政策），确保学员及时缴费。

（2）学员流失预警

通过对学员的出勤情况、上课表现、作业/作品完成质量进行监测，预测学员的学习积极性，针对表现异常的学员，及时安排工作人员跟进，防止学员流失。例如，系统在学员的出勤次数突然减少、作业完成质量突然下降时发出预警，提醒工作人员及时与学员沟通，了解情况并提供个性化的学习支持和服务，努力提高学员的满意度和忠诚度。

（3）教师流失预警

通过对教师的出勤情况、系统登录情况、与学员的互动情况进行监测，及时了解教师的工作状态，防止教师的突然流失给企业造成损失。例如，系统在教师的出勤不正常、系统登录次数减少时发出预警，提醒企业行政、人力工作人员及时与教师沟通，了解情况并提供必要的支持和激励，努力提高老师的满意度和忠诚度。

（4）收费异常预警

对学员缴费结果进行监测，及时发现收费异常等情况，防止经济损失。例如，系统在学员的缴费金额与课程价格不符或者缴费方式异常时发出预警，提醒工作人员及时核实情况，确保收费的准确性和合法性。

（5）物品临期预警

通过对库存物品的有效期进行监测，提前处理临期物品，谨防因物品过期导致浪费。例如，系统在检测到物品的有效期限临近时发出预警，提醒工作人员及时组织活动，以临期物品为营销礼品或公益奖品进行发放，既避免浪费，又优化机构的品牌形象。

（6）物品不足预警

通过对需要采购的物品的入库数量进行监测，提前计划补给，防止出现供应临时短缺的情况。例如，系统在必备物品的库存数量达到设定的阈值时发出预警，提醒采购人员及时进行采购，确保教学活动的正常推进。

（7）活动效果不达标预警

通过对营销活动的效果指标进行实时监测，辅助活动负责人介入、调整活动节奏，及时优化活动效果。例如，系统在营销活动的参与人数、转化率等指标低于预期时发出预警，提醒活动负责人及时调整活动策略，如增加宣传渠道、优化活动内容，完成对活动效果的优化。

（8）招生未满提醒

通过对新开班级的招生数据进行实时监测，帮助班级负责人及时调整招生策略。例如，如果新开班级的招生人数不足，系统在目标时间内的招生数量低于设定阈值时发出预警，提醒招生负责人及时调整优惠政策、加大宣传力度，提高班级的满班率。

可以看到，这些应用都是与教育培训企业的发展息息相关的。教育培训企业必须关注数据资产的积累与应用，才能保证企业的发展更稳定。

12.5 企业岗位培训中的数据资产应用

企业内部岗位培训（以下简称内培）可以通过深入应用数据资产，不断优化培训效果，在企业内部营造积极的学习氛围、提升氛围。

与数据资产结合的内培有着个性化教育特点。

具体而言，通过对员工的学习数据进行分析，企业可以了解员工的学习进度、知识掌握程度、兴趣点等信息，从而为员工量身定制个性化培训方案。比如，企业可以通过对员工在在线学习平台上的浏览记录、答题情况等学习数据进行分析，为员工推荐适合的课程、学习资源。再如，企业可以通过评估培训效果、对比员工参与培训前后的工作表现数据，判断培训是否实现了预期目标，进而不断优化培训设计。又如，依托数据可视化技术，企业可以用直观、易懂的形式为管理人员、培训负责人展示复杂的培训数据，帮助他们及时调整培训安排。

12.5.1 数据资产助力企业内培的基本方式

数据资产助力企业内培，主要从以下 3 个方面入手。

（1）提供精准的培训需求分析

应用数据资产，企业可以深入了解员工的培训需求。

一方面，通过采集员工的工作表现、绩效得分、项目参与情况等数据，企业能够全面分析员工在哪些方面存在不足，为制订个性化培训方案提供依据。例如，根据员工的项目完成情况和其在完成过程中遇到的问题，企业能够确定员工在专业技能方面的劣势，有的放矢地帮助其提高。

另一方面，通过挖掘、分析员工的历史学习数据，企业能够全面了解员工参加过的培训的课程设置情况、学习进度安排和培训效果，为优化培训方案设计提供依据。如果发现员工多次参加某类培训却仍未掌握相关技能，企业可以判断该类培训的主题对应的正是员工的工作痛点，相关培训需求较高。

(2) 优化培训内容和方法

应用数据资产，企业可以更有针对性地完善培训内容、调整培训方法，进而不断优化培训效果。

一方面，通过分析行业趋势数据、市场需求数据，企业可以及时了解前沿技术、知识，将其纳入培训内容，确保员工能够通过参加培训不断更新自己的知识体系。例如，在科技行业，大数据分析技术飞速进步，企业可以通过及时将大数据分析相关知识纳入培训内容，帮助员工提高工作效率和工作质量。

另一方面，通过分析员工的学习行为数据，企业可以全面了解员工对不同培训方法的接受程度，不断更新培训方法，提高培训质量。例如，针对某些培训主题，员工更喜欢在线学习，而针对另一些培训主题，员工需要在面对面培训的过程中感受互动、交流、鼓舞的力量，根据这些数据，企业可以适时调整培训方法，满足多样化的员工需求。

(3) 针对培训效果给予评估与反馈

通过采集员工参加培训后的工作表现、绩效得分、项目成果等数据，并完成与同批员工参加培训前的相关数据的对比，企业可以判断培训是否获得了预期效果。例如，对比员工参加培训前后的销售业绩、客户满意度等数据，企业可以评估销售培训的效果。

如果培训后员工的工作表现有了显著进步，说明培训是有效的；反之，说明培训无效，企业需要及时分析原因、调整培训方案。

12.5.2 建立基于数据资产的内培体系

在及时调整培训方法的基础上，企业需要不断完善内培体系。建立、完善基于数据资产的企业内培体系的具体步骤如图 12-2 所示。

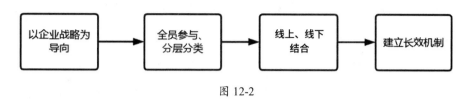

图 12-2

对以上 4 个步骤详细介绍如下。

(1) 以企业战略为导向

以企业战略为导向，是建立、完善基于数据资产的企业内培体系的关键，因为企业战略能够为内培体系的建立和完善提供明确的方向，确保内培活动为企业战略目标的实现提供助力。

不同的企业有不同的战略目标，若企业的战略目标是拓展国际市场，那么，内培应包括跨文化沟通、国际商务礼仪等内容。

完成对企业战略的深入分析，确定关键业务领域和核心业务能力，以此为基础建立、完善内培体系，能够让企业内人才更清晰地看到企业的未来，与企业共同发展、进步。

(2) 全员参与、分层分类

企业内培不是面对某个人、某个部门的，而是应该全员参与的。

不过，在全员参与的基础上做好分层、分类管理是必不可少的。比如，对高层管理人员来说，内培重点是战略规划能力、领导力的提高；对中层管理人员来说，内培重点是团队管理能力、沟通协调能力的提高；对基层员工来说，内培重点是专业技能、业务知识的进阶。

应用数据资产，企业能够精准分析各层级、岗位的员工的培训需求，确保所有员工都能通过培训获得能力方面的提高，从而更好地为企业创造价值。

(3) 线上、线下结合

充分利用线上、线下培训资源，全面掌握多种培训形式的落地方法，可以打造多元化、立体化的内培体系。

线上培训具有灵活性强、资源丰富等优点，可以满足员工随时随地学习的需求。例如，使用在线学习平台为员工提供各种课程资源，便于员工根据自己的时间安排从容调整学习计划。

线下培训关注实际操作和互动交流，有助于提高员工的动手能力和团队协作能力。例如，组织面对面的研讨会、工作坊等活动，便于员工通过实际操作高效掌握相关技能。

线上、线下结合，员工能够获得更加全面的培训体验。

(4) 建立长效机制

将参与内培与员工晋升、绩效考核等挂钩，建立长效机制是确保内培体系持续、高效运行的重要保障。具体而言，可以明确培训考核标准，将员工的培训成绩纳入绩效考核体系；给予在培训中表现突出、能力提升明显的员工更多的晋升机会；建立培训反馈机制，及时了解员工对培训的意见和建议，不断完善培训内容、调整培训方法；应用数据资产对员工的培训效果进行长期跟踪、分析，为长效机制的建立提供数据支持。

13 数据资产与智慧城市

CHAPTER

智慧城市的建设,离不开数据资产的有力支撑。

本章,我们重点探讨智慧城市建设过程中的数据资产应用,包括规划阶段与建设阶段的数据化操作。此外,我们会深入探讨智慧城市群共建联治中的数据资产的作用,以及数据资产是如何推动公共服务普惠化的、会对智慧城市的发展起怎样的促进作用。

13.1 ▶ 智慧城市建设中的数据资产应用

如今,"智慧城市"这个词越来越多地受到各地政府的关注。所谓智慧城市,是依托物联网、大数据、人工智能等先进技术,优化城市管理和服务、提高资源利用效率、改善居民生活质量、实现可持续发展的现代化城市模式。智慧城市的核心目标是使用数字化、智能化手段解决城市化进程中的问题,如交通拥堵问题、能源浪费问题、环境污染问题、公共安全问题,实现城市各系统间的信息资源共享和业务协同,提高城市运行管理水平和公共服务水平。

"智慧城市"这一概念的出现,与数据资产密切相关:2008年,知名IT公司IBM(中文名为国际商业机器公司或万国商业机器公司)提出了"智慧地球"愿景,随后,"智慧城市"概念出现并逐步普及。如今,智慧城市的发展正在迈向以用户体验为核心、以场景为融合应用体系的新阶段。

智慧城市的发展是围绕数据资产背后的物联网、云计算、移动网络、大数据等信息技术展开的,可以说,智慧城市是科技与城市化发展碰撞的产物。智慧城市的建设必须建立在海量、精确、动态的数据基础之上,城市管理者需要把城市看作一个完整的系统,通过融合各领域、各子系统的数据,实现智慧化管理。

要想积极推进智慧城市建设,一方面,我们要建立健全自己的大数据体系、平台,不断积累数据、优化数据资产;另一方面,我们要认真学习外国的智慧城市建设思路与模式,取长补短,以求高质量发展。

以下世界知名城市从不同角度入手进行了智慧城市建设探索,均能够给我们的智慧城市建设提供宝贵经验。

(1)美国迪比克的智慧城市建设

迪比克是全美首个智慧城市。通过与IBM合作,迪比克率先将物联网技术应用于城市管理，创新性地为所有住户、商铺安装了智能水电计量器，实时监测资源使用情况并预警泄露风险，与此同时，迪比克将水电、交通、公共服务等城市资源数据整合至数字化平台，实现了全流程智能化管控，显著提升了城市运行效率和服务水平。

（2）美国纽约的智慧城市建设

在智慧城市建设中，纽约创新性地依托大数据分析预防火灾，通过评估 33 万栋建筑物的 60 项火灾风险指标，构建了精准的危险指数评分体系。

如今，这一数据驱动模式的应用已从居民楼扩展至学校、图书馆等高密度公共场所，虽然应用初期引发过公众疑虑，但实际成效显著——城市火灾发生率明显下降，展现了智慧城市管理的实践价值。

（3）美国芝加哥的智慧城市建设

在智慧城市建设中，芝加哥创新性地部署了路灯传感器网络，通过付出 215～425 美元的单元设备成本和约 15 美元的单元设备年均电耗，实现了对路面状况与环境数据的实时采集。这一低成本、高效益的物联网解决方案在多家企业的技术支持、资金支持下，为城市精细化治理提供了数据支撑。

（4）英国伦敦的智慧城市建设

伦敦通过整合闭路电视、地铁刷卡数据、手机信令、社交网络等实时信息，构建了动态交通调控系统，在 2012 年主办奥运会期间展示了智慧交通管理的强大优势。伦敦在交通管理方面的智慧城市建设举措助其从容应对了 25% 的客流增长压力，凸显了多源数据融合在城市治理中的关键作用。

（5）荷兰阿姆斯特丹的智慧城市建设

作为欧洲智慧城市标杆，阿姆斯特丹通过开展 Geuzenveld、Energy Dock 等系列创新项目系统地推进着可持续发展，其实施的智能大厦、气候街道等重点工程能够有效整合清洁能源与物联网技术，显著降低城市能耗与碳排放，为全球智慧城市建设提供低碳发展的典范模式。

(6) 瑞典斯德哥尔摩的智慧城市建设

斯德哥尔摩通过完善智能交通系统，创新性地部署了 18 个智能监测点，综合运用射频识别、激光扫描、自动拍照技术实现车辆精准识别，有效地缓解着城市拥堵。值得特别关注的是，斯德哥尔摩的电子拥堵收费系统成效显著，不仅使交通流量提升 25%，还带动温室气体排放大幅减少 40%，成为全球智慧交通管理方面的成功典范。

(7) 西班牙巴塞罗那的智慧城市建设

巴塞罗那依托物联网传感器网络打造人性化智慧城市的探索包括：设置智能红绿灯，为视障人士提供声讯引导；设置停车传感器，实时传输空位信息；设置智能垃圾箱，不仅监测容量，还在异味超标时自动报警……这些创新应用使城市管理更加精准、高效。

通过以上内容，可以看到，世界知名城市的智慧城市建设措施亮点纷呈，与当地特点有充分的结合。中国的智慧城市建设同样如此，既要认真学习其他城市的先进经验，又要充分结合自身的发展特点，确保相关建设与自身定位、需求相符。

目前，中国部分城市的智慧建设存在缺乏维护的问题，"烂尾"现象频出。需要注意的是，智慧城市建设不仅是相关项目的信息化建设，还是生态系统建设，需要长期运营、维护。在智慧城市建设过程中，切忌只重视前期投入，忽视后期维护。

13.2 智慧城市建设中的新技术与推进难点

2014年8月,为规范和推动智慧城市的健康发展,构筑创新2.0时代的城市新形态,引领创新2.0时代中国特色的新型城市化之路,国家发展改革委等八部委印发《关于促进智慧城市健康发展的指导意见》,力求推动智慧城市的健康发展。

如今,我国数字经济占GDP的比重不断上升,城镇化率也在持续提高,智慧城市建设已进入数字化浪潮。

13.2.1 智慧城市建设中的新技术

在智慧城市建设过程中,如图13-1所示的新技术需要被重点关注。

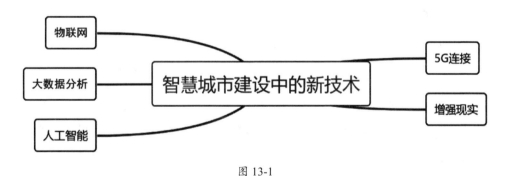

图 13-1

对以上5个内容详细介绍如下。

(1) 物联网——智慧城市的神经系统

一方面,物联网能够广泛收集来自城市各角落的实时数据,无论是交通流量、环境参数,还是公共设施使用频率、安全指数。例如,通过在道路上安装传感器,可以实时监测车流量、车速,这些数据能够为智能交通决策提供依据。

另一方面，物联网能够迅速传递关键数据，辅助管理部门、人员实现对城市的高效管理。例如，在公共安全领域，发生紧急情况时，物联网可以迅速将现场数据传递给警方、救援人员，提高应急响应速度。

（2）大数据分析——决策辅助利器

对政府决策而言，大数据分析起着重要的支持作用。例如，政府可以通过对城市各方面数据进行综合分析，制定更加科学的政策、规划；可以通过对人口分布和需求数据进行综合分析，合理规划公共设施的建设、完善；可以通过对经济水平、市场趋势等数据进行综合分析，制定、优化产业发展策略；可以通过对交通流量、拥挤度等数据进行综合分析，调整交通信号灯配时、规划公共交通线路；可以通过对环境数据进行综合分析，及时发现污染问题，采取相应的治理措施。

（3）人工智能——智能决策之源

一方面，人工智能可以自动化处理数据密集型任务，比如对海量的图像数据进行识别、分析。在智能安防领域，使用视频监控系统识别异常行为和可疑人员，能够提高城市的安全指数。

另一方面，人工智能可以辅助优化资源分配。例如，在能源管理方面，通过对能源消耗数据进行分析，相关人员可以智能调整能源供应策略，实现能源的高效利用。

（4）5G连接——实现无缝通信的保障

5G连接具有高速度、低延迟等特性，能够帮助智慧城市不同分支机构实现数据的实时交流和共享。例如，在智能交通领域，5G连接可以通过支持车辆与基础设施的高速通信，助力车辆的自动驾驶、智能交通的高效管理；在工业领域，5G连接可以通过支持工厂内设备的实时连接、协同工作，提高生产效率；在公共服务领域，5G连接可以通过为市民提供高速网络服务，如高清视频通话、在线教育、远程医疗，助力市民生活的便捷化。

（5）增强现实——提高工作效率的助力

增强现实技术的使用能够在很多方面发挥积极作用。例如，在旅游服务领域，导游可以通过使用增强现实设备为游客提供更加生动的解说和导览，优化游客的游览体验；在城市规划和建设领域，政府人员可以通过使用增强现实设备查看建筑模型和规划方案，更加直观地了解项目情况；在公共安全领域，警察可以依托增强现实技术获取犯罪现场的实时信息和线索，提高破案效率。

可以看到，上述技术的使用都与数据有着密切的关系，只有先积累大量的数据、拥有优质的数据资产，才能更高效、充分地使用这些新技术。

13.2.2 智慧城市建设的推进难点

虽然北京、上海等一线城市已在相关领域进行了卓有成效的探索，但是，推进智慧城市建设的过程中还有很多不可忽视的难点，举例如下。

（1）传感器等基础设施部署难题

智慧城市建设主要使用传感器等基础设施采集数据，而传感器等基础设施的部署费用较高，是一项沉重的投资，部分项目的部署甚至需要数年的时间。

对此，可行的解决方案之一是智慧城市的规划部门在推进工作之初就全面重视基础设施挑战，筹集专项资金，有的放矢地完成相关工作。如果资金或资源非常有限，充分利用原有基础设施（公共汽车票务系统、闭路电视、交通监控系统等）收集数据也是不错的选择。

（2）互联互通需求困境

智慧城市需要为居民、游客提供强大的互联互通资源，但实现互联互通绝非易事：运营商需要保障全域网络的覆盖、企业与场地方需要部署足够的终端设备、市政府需要充分协调各方以实现无缝衔接……即使各项工作都已完备，密集城区建筑物对射频信号的阻隔、环保建材与无线覆盖需求的矛盾等问题也层出不穷，使稳定、高效的智慧连接不易实现。

对此，可行的解决方案之一是完善智能数字分布式天线系统。该系统有着网络拓扑结构，具有性价比高、节能、高效的特点，几乎可以为任何城市提供良好的信号、网络覆盖，且支持 5G 连接技术的使用，能够为城市下一代移动连接夯实基础。

智慧城市是国家对城市发展的新要求、新期望。根据实际情况逐步推进智慧城市建设，这是未来城市建设的重点工作。

13.3 数据资产与智慧城市群共建联治

随着信息技术的快速发展，各城市将逐步实现智慧化转型，并努力依托标准化数据平台实现互联互通，构建协同高效的"数字化智慧城市群"。

智慧城市群共建联治这种基于数据共享和业务联动的城市发展模式能够显著提高区域治理效能、资源配置效率，正成为现代城市管理的重要方向。

13.3.1 智慧城市群共建联治的意义

智慧城市群共建联治对多城市协同发展而言是至关重要的。例如，融合型智能交通系统的应用不仅能优化城市间的交通状况、减少拥堵情况的出现，还能推动资源的共享和可持续发展。

具体而言，智慧城市群共建联治的意义有以下两点。

(1) 实现城市间的数据互通与共同发展

工信部数据显示，截至2024年8月末，我国5G基站总数达404.2万个，这极大地促进了智慧城市群的信息流通与数据共享。

当前，我国5G基站总数持续增加，已实现"县县通千兆""乡乡通5G"，城市数字基础设施在不断扩容、提速。光纤宽带网络的升级，传统基础设施的数字化、网络化、智能化改造，智慧城市群共建联治水平的提高，无一不在为城市间的数据互通、共同发展水平的提高奠定坚实的基础。

(2) 推动智慧城市群的产业协同发展

通过推动智慧城市群共建联治，城市间的产业合作越来越紧密。比如，一个城市的创新成果可迅速在周边城市推广，促进城市群的产业升级。再如，一个城市的市场机会、创新机遇增加，吸引了更多的投资和人才，能够推动城市群的区域经济发展。

13.3.2　智慧城市群共建联治的代表

目前，长三角都市圈是中国智慧城市群共建联治的典范，其数据资产协同发展的尝试与成果为其他地区提供了宝贵经验。

在顶层政策层面，沪苏浙皖三省一市在全国信息安全标准化技术委员会（以下简称信标委）等部门的指导下，签署了《长三角数据标准创新建设合作协议》，并联合编制了一系列跨区域数据标准，如平台建设标准方面的《长三角数据共享交换平台数据接入规范》、数据治理标准方面的《公共资源目录规范》《电子证照共享应用规范》《长三角"一网通办"法人库数据共享技术指南》、安全管理标准方面的《长三角公共数据分类分级指南》。这些跨区域数据标准的出台，为长三角"一网通办"提供了有力支撑，让互通的服务越来越多、百姓的获得感越来越强。

目前，长三角地区已经实现了三省一市的"一网通办"，上线了逾150项跨区域服务应用，完成了数据共享和业务协同。比如，在医保领域，建成了财政电子票据共享机制，实现了异地门诊/住院跨省直接结算、慢特病种跨省结算，患者不需要垫付资金或返回参保地报销。再如，在公积金领域，实现了信息共享，打破了地域限制，支持跨省提取公积金。又如，在教育领域，家庭经济困难学生的跨省资助可"免申即享"，只需要家长"一键确认"。

长三角智慧城市群在民生领域的共建联治成果全面促进了该区域城市发展速度、经济发展水平的提高。

在产业方面，数据资产共享为长三角智慧城市群的产业智能化提供了大数据支撑，促进着地区、企业间的数据交流与合作，显著提高着城市群的整体生产效率和产品质量。比如，无人工厂、灯塔工厂建设水平稳步提高。再如，营商环境不断优化，更多的企业、投资方慕名而来。

长三角智慧城市群共建联治的经验表明，想要应用数据资产实现智慧城市群"共同发展"的目标，需要打破数据壁垒，推动标准化与协同治理。

13.4 数据资产推动智慧城市公共服务普惠化

城市公共服务的质量直接影响居民生活舒适度、满意度及政府口碑，因此，智慧城市应充分应用数据资产，实现公共服务的普惠化、全民化，着力打造舒适、便捷的宜居环境。

以河南省郑州市为例。"郑好办"APP于2020年上线，基于"双中台"架构，该APP汇聚了48个政府部门和16个区县（市）的政务事项，累计上线服务2933项，并完成了与周边城市平台的互通互认。该APP的使用亮点包括但不限于：公积金"刷脸秒提"；小学入学线上报名"网上办""掌上办"；青年专区一站式全生命周期服务。

截至2024年9月，"郑好办"下载量超1.5亿次，注册用户达1934.7万，日活峰值超342万人，为市民提供了高效、普惠的数字化服务，助力郑州市政府口碑位居全国前列。

根据河南省郑州市的探索举措及经验，我们可以总结智慧城市公共服务普惠化的路径为如图13-2所示的4点。

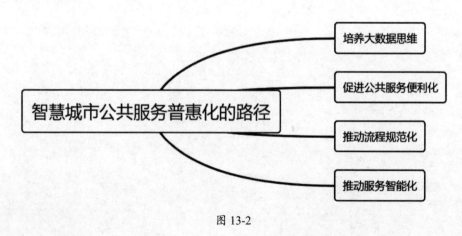

图 13-2

对以上 4 点详细介绍如下。

(1) 培养大数据思维

作为公共服务的主要提供者，政府需要全面培养大数据思维，将大数据融入决策、服务和管理。

例如，国家税务总局潍坊市税务局通过搭建综合数据分析平台，实现了数据的自动提取与发布，不仅能减少纳税人的报表报送负担，还能降低纳税人的涉税风险。

(2) 促进公共服务便利化

依托大数据技术，可以优化公共服务供给方式，推动公共服务便利化。比如，在医疗领域使用大数据技术，可以不断优化网上预约、远程诊断、医保异地结算工作流程，节省患者的时间成本与精力成本。再如，在交通领域使用大数据技术，可以不断优化线路设计、车辆投放，提高服务效率。

(3) 推进流程规范化

依托大数据技术，可以全程记录、分析权力运行数据，规范公共服务流程，限制自由裁量权。例如，通过完成深入的数据分析，可以发现潜在腐败风险，倒逼政府行为规范化。

(4) 推动服务智能化

依托大数据技术，实现决策从"经验主导"转向"数据驱动"，有利于不断提高公共服务智能化、普惠化水平。例如，通过整合人口、教育、医疗等数据，搭建、完善数据共享平台，有助于实现资源的高效配置。

14 数据资产与政务管理

CHAPTER

政务管理,同样正在融入数据化时代,越来越重视对数据资产的应用。

本章,我们详细分析政务管理的数据化趋势,探讨政府应该如何应用数据资产大幅提高政务工作的精准度与效率。此外,为什么气象服务、公共管理、绿色低碳发展是政务管理发展的重点方向?本章会进行情况介绍与趋势探讨。

14.1 政务管理的数据化趋势

随着数据资产在各行业的广泛应用,如今,政务管理也呈现数据化趋势。通过对政务数据进行分析,政府部门不仅能更准确地了解社会经济状况和民生需求、获取政策制定的科学依据,还能更好地了解公众需求、优化公共服务的提供方式、提高公共服务的质量。

如今,已有不少省、市、县政府在数据化探索的过程中提高了自己的政务处理能力与效率。

(1)山东省青岛市政府的数据化探索

通过研究山东省青岛市政府的数据化探索,我们可以看到数据资产应用在提高政务服务效率方面的作用。

山东省青岛市政府以"高效办成一件事"为目标,通过推出"五个一"全流程数字赋能体系,实现了政务服务的集成化和自动化。例如,山东省青岛市政府力推通过定制一张表单完成"智能化申报"——针对各数字化场景定制智能申报表单,实现身份数据"自动填"、历史数据"选择填"、共享数据"系统填",平均免填写率达63%、材料免提交比例达70%。

"五个一"全流程数字赋能体系的应用有效解决了办事过程中经常缺少材料的问题,从而提高了政务服务效率。

(2)河南省潢川县政府的数据化探索

河南省潢川县政府的数据化探索是应用数据资产推动政务服务转型的典型实例。

河南省潢川县政府在持续深化"一网通办"改革、推动政务服务数字化转型的过程中,着力做好了以下3项工作。

首先,试点先行。潢川县政府率先建立"一网通办"统一受理试点,推动"网上可办"向"好办易办"转变。在紧紧围绕"网络通、系统通、数据通、应用通"这一工作要求的基础上，潢川县政府逐步推动形成了"部门协同、上下联动、一体推进"的合力攻坚新态势。

其次，规范事项。潢川县政府通过全面梳理政务服务事项的要素信息，逐步实现政务服务事项"三级三十二同"，持续推进减时限、减材料、减环节、减跑动工作。截至2023年12月，潢川县政务服务事项（2507项）已全部实现全程网办，全程网办率达到100%，这一数据反映了潢川县政府在推动"一网通办"和数字化政务服务方面的阶段性成果。

最后，以点带面。以"一次登录、全网通办"为目标，潢川县政府强化数据支撑，推动各部门审批业务系统与一体化平台整合融通，让政务服务更加智慧、便捷、高效。

（3）江西省政府的数据化探索

江西省政府主导搭建的"城市大脑"平台辅助实现了"低保自动发放"，是政务服务数据化、智能化的一项创新突破。

首先，"城市大脑"平台以数据共享、精准开放为建设核心，通过梳理明确城乡低保、残疾人补贴的发放底数，做到了摸清底数、找准支撑点，成功完成与各类信息系统的无缝对接、信息互通。

其次，"城市大脑"平台聚焦问题，主攻突破点，针对基层发放城乡低保、残疾人补贴的环节多、程序烦琐、时间冗长等问题，植入旧版发放流程并将其更新为"'城市大脑'自动生成名单→社保一卡通平台处理→银行代发"，进而实现实时比对→自动计算→按月生成发放清单→推送至低保户社保一卡通平台→补贴资金直接发放到户。

最后，"城市大脑"平台围绕建设核心，拿下关键点，在贯彻"部门协同、数据共享"这一核心理念的基础上，建立实时动态预警监测机制，不仅能够做到实时比对低保数据与户籍信息、婚姻信息、殡葬信息、工商登记信息、房产信息，及时筛查不符合条件的低保户，还能做到不断推动部门协同、数据互通，持续加强纳税信息、车辆信息、养老金信息等数据互通共享。

以上案例都体现了政务管理的数据化趋势。目前，数据资产的应用大幅提高了政府的管理效率与准确率，政务管理的数据化趋势呈现不断深化的特点。

以社保经办机构为例。随着各地的社保经办机构陆续着手收集、整理、开发相关数据资产，信息比对、社会化服务、远程自助认证等功能的使用越来越普遍，社保资格认证越来越便利。根据人力资源和社会保障部（以下简称人社部）的相关政策通报及公开报道，我们可知，2022年，全国已有近三分之一的退休人员（约30%）通过数据比对方式完成养老保险待遇领取资格认证，而全国范围内使用数据比对和自助认证手段（如手机APP、刷脸）完成认证的人员比例已超过70%。目前，人社部已在积极与公安、民政、交通、出入境管理等部门开展业务协作，逐步实现信息共享与无形认证。

这种认证方式，在过去是不可想象的。政务管理数据化不仅提高了政府的治理效率，还保障了社保基金的安全和百姓"钱袋子"的安全。

由此可见，政务管理数据化是必然趋势，将在技术、政策、社会需求的推动下不断发展、完善，为建设数字政府、提高国家治理的现代化水平助力。

14.2 政府的数据资产应用

所谓政府数据资产，指行政机关或依法承担公共管理职能的组织在履行职能的过程中通过信息系统或使用其他数字化手段，依法直接或间接采集、产生的，具有经济价值或社会价值，且权属清晰、可计量、可管控、可流通的非涉密公共数据资源。

14.2.1 政府数据资产的应用方式

对政府部门来说，应该如何合法、合理地应用数据资产？

与商业数据资产相比，政府数据资产涉及的内容更复杂、更敏感，因此使用过程中应该更严谨。相对而言，政府数据资产的开放性与共享性更突出。

通常，政府数据资产最常见的应用方式是在开放数据资产平台上进行公开。这样做的目的是便于公众、企业行使对政府数据的知情权和使用权。

一方面，通过向社会提供政府数据资源的浏览、查询、下载等基本服务，能够促进政府数据资源的开发利用。例如，上海市公共数据开放平台和黄山市政府数据开放平台由相关政府部门牵头建设，不仅在加快经济结构转型中发挥着重要作用，还有利于提高公共服务水平、推进行政透明度建设。

另一方面，作为新型生产要素，数据资产具有非竞争性、可复用性和场景依赖性特征，其价值随应用场景和用户需求的变化而变化，对数据资产进行多源融合和重复使用，可实现对数据资产的持续性的价值发现和增值。通过开放数据资产平台，企业、社会组织、个人等主体可以利用相关数据进行商业模式创新，培育新经济、新动能，并对政府的数据资产进行社会化增值。

河北省保定市政府是高效应用政府数据资产的典范。

2021年9月，保定市政府启动数字建设，以"强基、兴业、善政、惠民"为总目标，加快以算力为代表的新型数字基础设施建设。截至2023年末，主要建设成果如下。

基础设施方面，保定市累计建成5G基站2.1万个，5G网络在主城区、县城城区及平原农村区域实现连续覆盖。

数据归集方面，"政务一朵云、一张网"是保定市"十四五"期间的重点工程，2023年9月保定市发布的《数字政府建设与发展白皮书》中明确提到已归集240个信息系统，覆盖35个部门、17个区县。

产业数字化方面，保定市搭建了市级"产业大脑"，涵盖产业运行监测、工业互联网等12个子平台，是全国首屈一指的地级市线上助企服务平台。

基于对政府数据资产的积极应用，保定市成功举办两届数据服务产业创新大会，且在2024年入围国家首批数据资产评估试点城市。如今，保定市的5个数据服务产业示范基地初具规模，持续推动着政务数据与社会、企业数据融合，为数字经济发展注入了新动力，在政府数据资产的应用探索中起到了表率作用。

14.2.2 政府数据资产的强大力量

通过研究"保定模式"，我们可以发现，政府数据资产有着强大的力量，其应用可以在多个方面为社会发展提供助力。举例如下。

（1）助力企业决策

通过分析经济、市场等数据，企业可以获得决策支持，更好地把握市场动态、提高自己的市场竞争力。

（2）辅助城市规划

通过分析人口、交通、环境等数据，相关组织、部门可以不断优化城市布局、提高城市的可持续发展能力。

（3）改善教学体验

通过分析教育数据，相关组织、部门，以及各大学校可以及时了解学生的学习需求和学习特点，获得个性化教学设计依据。

（4）优化医疗服务

通过分析医疗资源数据，相关组织、部门，以及各大医院可以不断优化医疗服务布局，提高医疗服务的效率和质量。

（5）指导农业生产

通过分析气象、土壤、市场等数据，相关组织、部门可以加强对农业生产的预测和管理，为农业生产提供精准的指导。

总之，政府数据资产涵盖政务、城市管理与规划、商业、医疗、农业、交通、教育等几乎所有领域，这给各级政府提出了严峻的挑战：一方面，要力促省、市、县业务系统对接，减少数据共享的阻力；另一方面，不仅要积极推动省、市、县数据共享，还要努力将政策推动共享转变为主体主动共享。

倘若无法做好以上两项工作，无论政府数据多么丰富、优质，也是无法使用的"假资产"。中国电子云助理总裁、数据事业部总经理冯进有言：数据最大的价值在于流通，不流通的数据毫无意义。对政府来说，必须努力实现数据的"三融五跨"：技术融合、业务融合、数据融合和跨层级、跨地域、跨系统、跨部门、跨业务流通，才能完成政务管理方面的积极转型，真正成功打造"服务型政府"。

14.3 政务管理中的数据资产应用

进行政务管理时，政府面对的风险并不少，尤其是面对各类评估，需要极其严谨地处理。因此，将数据资产应用引入政务管理风险识别和评估，能够大幅提高政务管理质量、优化政府形象。例如，依托大数据分析技术，政府可以实时监测社会舆情，发现潜在的社会矛盾和风险点；依托人工智能技术，政府可以模拟、预测复杂的风险因素的影响，为科学决策提供依据。

当然，政务管理中的数据资产应用不仅在于舆情监测，包含的内容还有很多。

14.3.1 加强风险识别

政府部门对于风险的识别、评估，主要使用如下方法完成。

（1）打造数据关联平台

打造数据关联平台，进行多领域风险识别，对特大城市来说意义重大。特大城市人口流量大，一旦出现突发风险，有可能引发区域性、全国性，甚至全球性连锁反应，依托大数据，能够更妥当地应对相关风险。例如，北京、上海等特大城市打造数据关联平台，驱动各部门在同一平台共享数据，从而高效挖掘数据潜能，应用于风险防控，及时、精准地处理问题。

（2）构建风险分析框架

构建政府数据各开放阶段的风险分析框架。

在数据开放前进行风险评估和规划，明确数据开放的范围和目的并制定相应的安全措施，有助于全面识别、处理风险。

在数据开放过程中加强数据安全管理，实时监测数据访问、使用情况，有助于防止数据被泄露、滥用。

在数据开放后及时对数据使用效果进行评估，适时调整数据开放策略，不断完善风险识别、管理机制，有助于规避潜在风险。

（3）分析处理舆情风险

在政务管理过程中出现舆情风险，可能会对政策的执行造成不良影响，因此，政府部门需要利用大数据实现全网舆情监测、收集、智能化分析，预警负面舆情、敏感舆情，评估舆情风险等级，并生成舆情分析报告。

在此基础上，政府部门还需要对大众的情感、情绪进行分析，确定舆情数据信息的正负情绪，了解舆情发展的进程和演变，并充分评估政策的社会影响力和不同受众的反应，以便及时处理舆情风险。

（4）降低隐私泄露风险

政府数据的开放不仅需要规范去隐私化、去敏感化数据处理流程，健全数据销毁机制和遗忘机制，还需要对个人信息进行敏感、非敏感区分，对指纹、虹膜、人脸等个人敏感信息的收集进行严格限制。

明确政府数据开放相关人员的责任，针对隐私信息安全制定保护规范，加大对泄露数据行为的惩治力度，有助于规范数据流通合规审查和伦理审视。

14.3.2 培养风险思维

政府数据资产是政府资产之一，想通过数据资产应用加强风险识别，仅依靠各类平台、技术是不够的，还需要相关人员主动培养自己的风险思维。这也是国家对各级政府工作人员提出的全新要求。

2024年2月，财政部发布了《关于加强行政事业单位数据资产管理的通知》。该通知明确指出，行政事业单位数据资产是各级行政事业单位在依法履职或提供公共服务过程中持有或控制的，预期能够产生管理服务潜力或带来经济利益流入的数据资源；地方财政部门应当结合本地实际，逐步建立健全数据资产管理制度及机制，并负责组织实施和监督检查；各部门要切实加强本部门数据资产管理工作，指导、监督所属单位数据资产管理工作；各部门所属单位负责本单位数据资产的具体管理。

这意味着各部门及其所属单位对外授权有偿使用数据资产前，应当严格按照资产管理权限履行审批程序，并按照国家规定对资产相关权益进行评估。只有做到认真对待程序，才有可能做到有效识别风险。

在这方面，我们可以学习、借鉴外国政府的先进做法。以澳大利亚为例，其通过完善法规制度体系，规范、保障了政府数据治理行为。

澳大利亚政府非常重视职责清晰、运转高效的数据治理组织体系的建立，既有负责数据战略顶层设计与宏观引导的决策领导部门，又有负责完成所在政府部门具体数据治理任务的推进执行机构；既有负责数据标准、数据安全，以及存储、开放等专项职能的专业性数据管理机构，又有负责各部门数据治理工作协调沟通和评估监督的专门性机构。这样的模式，值得我们学习并在中国各级政府中灵活应用。

14.4 气象服务中的数据资产应用

各类公共服务中,气象服务对数据资产的应用最为频繁。可以毫不夸张地说,数据资产对气象服务来说有不可替代的重要性。

如今的气象数据不是孤立地用于预报天气的数据,而是连接各行业的重要纽带。通过融合应用气象数据与经济、社会、生态、自然资源等数据,可以更好地了解行业发展趋势、预测市场变化,从而为企业决策提供科学依据、为经济高质量发展注入新动力。

在这种情况下,如何做好气象数据资产的保护与应用,是气象部门的重要课题。

14.4.1 气象数据资产的特点

如今的气象数据资产有如下特点。

(1) 涵盖范围广

数十年前,人们对气象数据的认知主要聚焦于大气圈,随着时代的发展,如今,气象数据不仅包括大气圈、地表、海洋等相关数据,还涉及碳循环、动态植被等多方面数据。

气象大数据时代已经到来,为了实现监测精密、预报精准、服务精细(如服务生命安全、生产发展、生活富裕、生态良好)等目标,气象数据资产必须不断扩大其涵盖范围。

(2) DIKW 分级模型应用

DIKW,即 Data(数据)、Information(信息)、Knowledge(知识)、Wisdom(智慧)。具体而言,某观测站观测到某日的最高气温是 35℃,这是一个数据；综合整月、全年，乃至更长时段的气温，能得到一个气温序列，形成信息；基于某城市多个观测站的常年观测资料，人们能够判断当地的气候条件，这属于知识；如果能够对知识进行进一步挖掘、分析，辅助决策，便能够进一步演化为智慧，帮助人们在气象灾害发生前采取恰当的措施，确保人员安全、重要基础设施无损。

在 DIKW 分级模型应用的过程中，气象数据的标准化是完成数据质量提高闭环的前提，气象数据的准确性、及时性、完整性、一致性、合规性和可访问性则是不断提高气象服务质量的重要依托。

（3）使用针对性强

一般而言，气象数据资产可分为基础型数据资产和服务型数据资产。基础型数据资产以原始数据为主，服务型数据资产则以预报数据、服务数据等非原始数据为主。

因为气象数据资产有使用针对性强的特点，所以我们可以对气象数据资产进行另一种分类，将其分为企业用户气象数据资产、政府用户气象数据资产、民众用户气象数据资产，便于气象部门根据实际需求向各类用户提供查询服务、制订行业解决方案服务等一系列气象相关服务。

对农业生产、电力输送、交通运输等易受极端气象影响的行业而言，获得针对性强的气象服务是非常有必要的——准确、及时的气象预测能够帮助企业从容应对，甚至部分规避极端气象带来的不利影响，降低意外损失。

14.4.2 气象数据资产的应用展望

气象数据资产的未来价值不可估量。如今，其应用场景已从传统的农业、交通、能源拓展至金融、旅游、医疗等更多领域，覆盖范围持续扩大。甚至在保险领域，保险企业都可根据气象数据完成财产保险事前风险甄别、事中灾害防御和事后出险理赔，有效解决保险企业缺乏系统的气象灾害数据积累等难题。

全国首张"气象公共数据资产凭证"落地佛山,标志着南海区气象数据资源向气象数据资产转化迈出关键一步,说明了气象数据资产有巨大的商业潜力。

在有完整信息链、数据链的"数字档案袋"的加持下,气象数据的来源将更加真实、可靠。

不过,与其他商业数据资产相比,目前的气象数据资产的商业潜力开发推进速度略慢。这是由气象数据资产的独特性造成的。

首先,气象数据的获取和整理需要投入大量的人力、物力,成本较高。

其次,如何确保数据的准确和可靠(数据质量)是亟待解决的难点问题。例如,目前,许多中小型企业主要通过第三方气象数据服务商获取气象数据,这些气象数据服务商提供的数据的质量是参差不齐的。

最后,数据安全和隐私保护是严峻挑战之一。气象数据涉及国家安全和公共利益,因此需要建立健全数据安全和隐私保护机制,确保数据不被滥用和泄露。

整体而言,气象数据资产的价值正在凸显,其具有巨大的发展潜力,虽然面临诸多挑战,但是前景广阔。

14.5 公共管理中的数据资产应用

如今,数据资产已成为国家重要战略资源之一,而公共管理数据资产是政府数据资产的重要组成部分。

14.5.1 公共管理数据资产的管理重点

加强对公共管理数据资产的管理是各级政府需要着力做好的重点工作,想要做好这一工作,需要从"人"和"技术"两个层面入手,同步推进。

一方面,需要加强数据资产管理制度建设和队伍建设,这是管理、保护公共管理数据资产的关键。

制度建设:依据《中共中央 国务院关于构建数据基础制度更好发挥数据要素作用的意见》等文件,各级政府应及时研究、制定行政事业单位数据资产财务核实及管理的相关制度,通过加强制度建设,明确数据资产管理的流程和规范,为实际管理工作提供有力依据。

队伍建设:各级政府应加强专业人才培养和业务交流,组织内部培训,邀请专家讲座,提升数据资产管理队伍的专业素养;鼓励员工参加相关的数据管理培训课程和认证考试,提高其数据管理能力;建设业务交流平台,促进部门之间的数据管理经验分享和交流,共同提高数据资产管理能力。

另一方面,需要从技术层面入手加强对公共管理数据资产的管理。

政府部门不仅需要建立并不断完善数据资产信息库,涵盖数据来源、资产价值、使用状况等与公共管理数据资产相关的详细信息,还需要根据《固定资产等资产基础分类与代码》(GB/T 14885-2022)等国家标准加强数据资产登记,在预算管理一体化系统中建立并完善资产信息卡。

数据资产信息库的建立及不断完善将为数据资产的权属管理、使用及运营提供坚实的基础——不仅便于使用者快速查询、了解相关数据资产的情况，进行科学合理的配置和使用，还为数据资产的安全管理提供了有力保障。

这方面的探索，重庆市走在前列。重庆市搭建了全国首个市域一体建设、两级管理、三级贯通的公共数据资源体系，不仅完成了对公共管理数据的归纳、整理，还实现了对数据资产的积极应用。

从 2022 年初到 2023 年末，重庆市政府的公共数据编目从 4.3 万类提高到 10.8 万类、数据归集从 382 类跃升到 9.8 万类、数据共享从 1.2 万类扩增到 10 万多类，各项数据指标均呈指数级增长，且成功打通从国家到市、区/县、镇/街的"数据通道"，成为全国首批参与数据直达基层试点的省市。

为了进一步保证相关数据的安全与稳定，重庆市还出台了《重庆市数据要素市场化配置改革行动方案》，建成了数据要素产业集聚区和西部数据交易中心，在全国首创"数盾合规""数度寻源""消费积分自由兑换"服务，上线了全国首个汽车数据交易专区，成功跻身全国数据交易场所第一梯队。

截至 2023 年末，重庆市已建成"一网两线"数据级异构主备政务网，全量接入分散在政府、社会、市场的摄像头、传感器、无人机等感知设备 667 万个，形成国内首个"松耦合、分布式、多层级"感知系统架构，实现全市感知态势"一盘棋"，且算力规模达到 2500PFLOPS，在西部地区遥遥领先。

借助如此体量的公共管理数据资产，未来，重庆市必然会在公共管理方面交上让人惊艳的成绩单。

14.5.2 公共管理数据资产的应用模式

通过了解重庆市的相关探索，我们可以将公共管理数据资产的应用模式总结如下。

(1) 优化数据资产应用生态

完善配套的法律、政策，采取合规的技术措施是构建、优化良好的数据资产应用生态的关键。

一方面，政府应明确公共管理数据资产的权属、使用范围和保护机制，为公共管理数据资产化提供法律保障；另一方面，政府应主导建立数据门户平台，为公共管理数据的开放和应用提供统一入口，提高相关数据的可访问性。

(2) 完善数据资产商业平台

对公共管理数据资产进行商业化探索有助于促进公共管理数据的流通和交易，实现相关数据资源的优化配置。

以浙江省温州市为例。自2022年6月上线至2023年10月，温州市大数据运营有限公司的数据产品"信贷数据宝"推出贷款产品42项，累计授信673亿元、用信182亿元，惠及用户15.2万，这样的探索，既让公共管理数据资产得以充分应用，又有利于政府积累到更多的数据，为后续数据资产的管理和应用提供更有价值的参考。

14.6 数据资产与绿色低碳发展

如今,全球气候变化问题日益严重,绿色低碳发展已成为国际共识,各国都在加大对可再生能源的开发和利用,力求提高能源利用效率、减少碳排放。

数据资产的应用为绿色低碳发展提供了新的支撑。例如,通过对能源数据进行收集、分析和应用,可以实现能源的高效管理和优化配置,降低能源的消耗量和碳排放量。此外,数据资产的应用还可以为可再生能源的开发和利用提供技术支持,提高可再生能源的利用效率和稳定性。

目前,全国各地都在推广绿色低碳项目中的数据资产应用,并取得了非常好的效果。数据资产带来的绿色低碳趋势如图14-1所示。

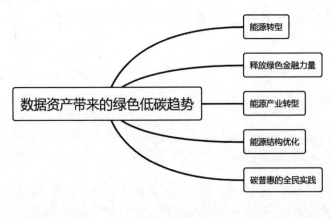

图 14-1

对以上趋势举例介绍如下。

(1) 能源转型

广东省肇庆市高新区以"企业碳账户"为载体,经数据资源化、产品化,逐步实现数据资产化。具体而言,该地致力于通过设立"企业碳账户",将企业的碳排放数据与金融服务结合,为企业提供实时的碳排放监测和管理服务。在这种情况下，企业能够在实现减排目标的同时，通过绿色生产获得更多的融资支持。

（2）释放绿色金融力量

郑州数据交易中心与中国碳中和集团、中碳绿信（深圳）科技有限公司、微众银行等合作伙伴共同打造了全国首个基于区块链的双碳数据账户体系，上线了双碳数据服务专区，截至2023年9月，已上架7个数据产品、3个数据服务，双碳数据服务备案交易额超300万元。这种全新的模式，能够通过完成接入网、计算网、信任网三网的融合及灵活部署，确保在"原始数据不出域、数据可用不可见"的前提下实现数据要素的价值共享，推动数据资产与绿色金融的融合，促进低碳经济转型和可持续发展。

（3）能源产业转型

能源企业数字化转型是一个复杂的过程，影响因素是多方面的。例如，在战略与规划方面，能源企业会以战略为导向，将数字化转型作为企业战略转型升级的核心任务，制定明确的目标，规划、设计数字化转型蓝图；在管理与运营方面，能源企业会建立智能分析决策平台，推进各业务的协同与融合，实现高效运营。在这一过程中，数据资产的应用有助于打破数据壁垒、推进能源产业的数字化升级。换句话说，数据资产是推动能源企业转型、变革的加速器。

以上海优也信息科技有限公司为例，其推出的基于多维运行信号识别建模的辅机设备监测及劣化趋势预警示范应用入选了首批上海市能源双碳领域数字化转型示范应用场景名单（2023年3月7日，上海市经济和信息化委员会发布）。该应用依托工业互联网、数字孪生、AI建模等新一代信息化技术，能够帮助企业充分挖掘数据资产的作用，实现公辅设备运维从单机控制到系统联动、从被动接受到主动预测、从人工经验到智能系统的转变。借助该系统，中国中部某烟草企业辅机设备系统整体提质增效5%，整体成本节降6%，碳排放减少3027吨，风机、锅炉、水泵等关键设备连接率不低于90%。

使用多维度信号关联分析、小波分析等智能算法打造高质量数据集，依托数字孪生技术使数据资产标准化，这在多个行业具有可复制性。

(4) 能源结构优化

依托大数据技术，可以对不同能源的生产和消费进行实时监测和分析，为能源企业提供更加准确的市场需求信息，推动能源企业加大对清洁能源的开发和利用。据统计，目前，清洁能源在我国能源结构中的占比不断提高，对此，数据资产的推动作用功不可没。

(5) 碳普惠的全民实践

数据资产的应用，有助于推动普及绿色减排的全民实践活动。例如，中华环保联合会与绿普惠合作推出了"绿普惠云—碳减排数字账本"（第三方绿色生活减碳计量底层平台），经用户授权后，该平台可根据对应互联网平台记录的个人绿色低碳行为持续计算用户的碳减排量。

北京市推出了类似的"个人碳账本"，使用该平台，市民的绿色行为，如骑行共享单车、使用电子面单，都可获得减排量和相应的绿色积分激励。这种激励模式，也有助于"绿色低碳生活"高效落地。

此外，有一点需要注意：应对气候变化是全球性挑战，需要各国共同努力。

总之，想更好地完成数据资产应用助力绿色低碳发展，需要不断加强国际合作，各国可以共同制定数据标准和规范，促进数据的跨境流通和共享，同时加强技术交流和合作，共同推动数据资产在绿色低碳领域的应用。

未来，绿色低碳发展对数据资产应用的需求会不断增加，例如，可再生能源的生产、传输、分配等，都需要数据资产在背后不断地调节与优化。因此，数据资产应用与绿色低碳发展相互促进，能够更好地推动经济社会的可持续发展。

15 数据资产的风险管理与发展前景

CHAPTER

如今,数据资产的发展像一艘巨轮在大海上航行,对这艘巨轮来说,政策支持如同结实的船帆、法律保障如同牢靠的船舵。

本章,我们重点探讨如何在稳妥保护数据隐私、合理应对跨境合规挑战、全面防范安全风险、有效防止数据被伪造/篡改的道路上稳步前行,让数据资产的未来更加光明。

15.1 数据资产的政策支持

任何一个产业的发展，都离不开政策的引导与支持。针对数据资产，无论是中央，还是各地政府，都在不断推出各类文件，给予保障。这些政策支持，让我们看到了数据资产的广阔发展前景。

15.1.1 国家的政策推动

在国家层面，有如下政策推动举措。

（1）多部门协同发力

2023 年末，财政部印发《关于加强数据资产管理的指导意见》，明确了加强数据资产管理的五方面原则和主要任务，以促进全体人民共享数字经济红利、充分释放数据资产价值为目标，以推动数据资产合规高效流通使用为主线，有序推进数据资产化，加强数据资产全过程管理，更好地发挥数据资产价值。

2024 年初，国家数据局等 17 个部门联合印发《"数据要素×"三年行动计划（2024—2026 年）》，选取工业制造、现代农业、商贸流通等 12 个行业和领域，发挥数据要素乘数效应，释放数据要素价值。该行动计划以推动数据要素高水平应用为主线，强化场景需求牵引，带动数据要素高质量供给、合规高效流通，培育新产业、新模式、新动能。

（2）完善数据基础制度

"数据二十条"，即《中共中央 国务院关于构建数据基础制度更好发挥数据要素作用的意见》，于 2022 年 12 月 19 日对外发布。"数据二十条"从数据产权、流通交易、收益分配、安全治理等方面入手构建数据基础制度，提出 20 条政策举措。

例如，建立保障权益、合规使用的数据产权制度，探索数据产权结构性分置制度，建立数据资源持有权、数据加工使用权、数据产品经营权"三权"分置的数据产权制度框架。

"数据二十条"的出台起到了加快构建数据基础制度的作用，有助于充分发挥我国海量数据规模和丰富应用场景的优势，激活数据要素潜能，释放数据要素价值。

（3）推动数字经济发展

2024 年初，国家发展改革委办公厅、国家数据局综合司印发《数字经济 2024 年工作要点》，提出了 9 个方面的落实举措，明确了 2024 年数字经济的重点工作方向。其中，加快构建数据基础制度，推动落实"数据二十条"；加大公共数据开发开放力度，释放数据要素价值；深入推进产业数字化转型，营造数字化转型生态；加快推动数字技术创新突破，打造数字产业集群等举措，将有力推动我国数字经济迈向更高水平。

15.1.2　地方的政策助力

在国家推动的基础上，各地也在不断进行相关探索。

（1）北京市的探索

2023 年，中共北京市委、北京市人民政府印发《关于更好发挥数据要素作用进一步加快发展数字经济的实施意见》，力争到 2030 年，北京市数据要素市场规模达到 2000 亿元。

近些年，北京市在全国率先开展公共数据专区授权运营模式的规范研究和实践探索，建立公共数据资产登记中心、社会数据资产登记中心、数据资产评估服务站等机构，建设数据资产登记平台、数据资产评估平台、数据资产托管平台、数字资产管理平台等业务中台，支持数据资产登记证书在企事业单位入表、入资、入股、融资等场景中应用，探索入驻的市属国有企业数据资产纳入国有资产保值增值机制。

此外，北京市还组织举办了一系列会议和培训，凝聚共识，推动政策落地。

（2）天津市的探索

2021年8月，天津市人民政府印发《天津市加快数字化发展三年行动方案（2021—2023年）》，强调了完善数据要素市场规则的必要性。

该文件具体内容包括健全数据要素生产、确权、流通、应用、收益分配机制，构建具有活力的数据运营服务生态，制定数据交易管理办法，完善数据资源确权、交易流通、跨境传输等基础制度和标准规范，健全数据要素市场监管体系，推进数据依法有序流动；构建社会数据市场化运营机制，建立"部门间"数据共享、"政企间"数据开放、"企企间"数据融通的数据要素流通公共服务体系；推动成立北方大数据交易中心，培育规范的数据交易平台，探索多种形式的数据交易模式等。

（3）其他城市的政策亮点

上海市在数据基础制度方面积极落实、先行先试，陆续发布一系列政策，加快数据流通交易、推进数据资产化进程。2023年7月22日，上海市人民政府办公厅印发《立足数字经济新赛道推动数据要素产业创新发展行动方案（2023—2025年）》，提出推动数据资产化评估及试点；2023年7月26日，《上海市促进浦东新区数据流通交易若干规定（草案）》颁布，明确提出企业可以委托上海数据交易所为其开展数据资产创新应用提供相关基础服务，为数据产权人资产会计处理和资产评估提供支持。

2024年8月21日，广州市政务服务和数据管理局发布《关于数据要素企业入库登记（第一批）的通知》，广州市启动首批数据要素企业入库登记，入库企业将获得7项扶持，包括企业全生命周期服务、公共数据开发利用、数据价值化服务、数据人才服务、宣传推广服务、应用场景和数据资源对接服务、数字金融服务。

2024年9月11日，深圳市地方金融管理局研究起草了《深圳市关于支持数字金融高质量发展的实施意见（征求意见稿）》，公开向社会征求意见，为期1个月。《深圳市关于支持数字金融高质量发展的实施意见（征求意见稿）》中提到，计划推动基于数据资产的金融创新,依托深圳数据交易所开展基于数据资产的金融创新应用,支持金融机构与深圳数据交易所开展数据资产入表、数据产品孵化、"数据+金融"产业服务等合作。

15.2 数据资产的法律地位与保护

作为资产类型之一，数据资产必须拥有相应的法律地位，受法律保护，这样，无论是个人、企业，还是政府，才能真正合法地使用它。

虽然数据资产是新兴资产，但是国家看到了其发展潜力，对数据资产的法律地位的认定与保护正在不断加强。

15.2.1 国家层面的相关法律法规

国家层面的相关法律法规可举例如下。

(1)《中华人民共和国数据安全法》

《中华人民共和国数据安全法》自2021年9月1日起施行，这是我国第一部有关数据安全的专门法律，也是国家安全领域的一部重要法律。

《中华人民共和国数据安全法》统筹考虑数据安全与发展，提出了数据安全管理制度，明确了数据安全监督架构，规定了数据处理者的保护义务，强调了数据安全与开放，形成了一个覆盖国家、行业、地方、处理者等全方位的数据安全治理框架。

可以说，为数据资产的安全"上把锁"在国际竞争中是非常重要的事，一个国家的数据掌控、使用，以及保护能力，已成为衡量其国际竞争力的核心要素之一。

(2)《关于加强数据资产管理的指导意见》

2023年12月31日，财政部印发《关于加强数据资产管理的指导意见》，此意见的印发具有重大意义：明确了数据的资产属性，提出了要依法合规推动数据资产化。

在总体要求方面，《关于加强数据资产管理的指导意见》坚持确保安全与合规利用、权利分置与赋能增值、分类分级与平等保护、有效市场与有为政府、创新方式与试点先行相结合的原则，构建"市场主导、政府引导、多方共建"的数据资产治理模式，目标是推进数据资产全过程管理及合规化、标准化、增值化。

在主要任务方面，《关于加强数据资产管理的指导意见》进行了明确：依法合规管理数据资产，保护各类主体相关权益，鼓励公共管理和服务机构将符合条件的公共数据资源纳入资产管理范畴；明晰数据资产权责关系，落实数据资源持有权、数据加工使用权和数据产品经营权权利分置要求；完善数据资产相关标准，推动各类数据资产标准建设；加强数据资产使用管理，提升数据资产数字化管理能力和安全保护能力等。

(3) 其他国家层面的法规

由全国信息技术标准化技术委员会归口、全国信息技术标准化技术委员会信息技术服务分会执行的《信息技术服务 数据资产 管理要求》于 2022 年 5 月 1 日正式施行，该标准是全国首个正式发布的数据资产管理领域的国家级标准，填补了我国在数据资产管理领域的标准空白，对政府、企业等各组织识别、盘点和管理自有数据资产有重大的指导意义。

在财政部指导下，中国资产评估协会制定了《数据资产评估指导意见》，自 2023 年 10 月 1 日起施行。该意见为数据资产评估提供了指引和规范，推进了数据资产评估标准和制度建设，有助于准确评估数据资产的价值，促进数据资产的交易和流通。

15.2.2 地方层面的相关法规

在国家层面的法律法规的基础上，各地政府在不断完善各具特色的地方性法规。

(1) 北京市

自 2023 年 1 月 1 日起施行的《北京市数字经济促进条例》明确了数字经济的

定义、发展原则等内容，为北京市数字经济的发展提供了法律保障。

此外，《北京市数字经济全产业链开放发展行动方案》《北京市数字经济促进条例》《关于加强本市数据资产管理的通知》等文件，均在推动北京市数字经济的发展。

例如，北京市规定着力培育数据要素市场，保护数据权益，建立数据资产目录和定价机制；鼓励基础设施市场化运营并向社会开放共享，办好北京市大数据中心，高水平建设北京国际大数据交易所，促进数据高效流通使用等。

（2）上海市

自2022年1月1日起施行的《上海市数据条例》涵盖了数据权益保障、公共数据、数据要素市场、数据资源开发和应用等多方面的内容，明确实行数据安全责任制，建立健全数据分类分级保护制度，并确定上海市重要数据目录，对列入目录的数据进行重点保护。

值得关注的是，在《上海市数据条例》中，有"法律责任"一章（第九章），就公共管理和服务机构违反数据管理工作相关规定设置了相应的法律责任，这是有创新意义的举措。

此外，《上海市促进浦东新区数据流通交易若干规定（草案）》这一文件，充分利用浦东的特殊立法地位，聚焦完善数据要素市场制度，对数据产权人的范围进行了界定，对"数据二十条"的三权分置进行了细化。

（3）广东省

广东省政务服务数据管理局发布了《广东省数据流通交易管理办法（试行）》系列文件，包括《广东省数据资产合规登记规则（试行）》《广东省数据流通交易监管规则（试行）》等，用于规范数据流通交易活动，保护数据要素权益，保障数据安全，促进数据要素自主有序流动、配置高效公平，培育两级数据要素市场。

（4）浙江省

2022年10月，浙江省标准化研究院等单位研究起草了《数据资产确认工作指南（征求意见稿）》，这是首个针对数据资产确认制定的推荐性地方标准，明确了数据资产初始确认、后续确认和终止确认的要素及内容。

　　与此同时，浙江省财政厅联合多单位研究制定了《资产管理 数据资产登记导则》，有效填补了数据资产登记标准的空白，利于推进数据资产合规化、标准化、增值化。

15.3 数据隐私与个人信息保护法律法规

数据资产与每个人息息相关，例如，我们在社交平台上发布的照片、文字、短视频，都属于个人的数据资产，同样有数据隐私与个人信息保护的需求。那么，在这方面，我国颁布了哪些法律法规呢？

15.3.1 《民法典》

《民法典》第一百一十一条规定自然人的个人信息受法律保护，并详细说明：任何组织或者个人需要获取他人个人信息的，应当依法取得并确保信息安全，不得非法收集、使用、加工、传输他人个人信息，不得非法买卖、提供或者公开他人个人信息。这一规定明确了个人信息的法律地位，强调了对个人信息的获取和处理必须合法合规。

《民法典》第一百二十七条规定法律对数据、网络虚拟财产的保护有规定的，依照其规定（执行）。虽然只是初步规定，但反映了人们对于网络虚拟财产价值的共识，即网络虚拟财产也是财产。在《民法典》中认可这些财产的价值，继承时就可以将其视为遗产处理。

15.3.2 《中华人民共和国数据安全法》

《中华人民共和国数据安全法》于2021年6月10日由第十三届全国人民代表大会常务委员会第二十九次会议表决通过，同年9月1日起正式施行。

在制定目的方面，包括规范数据处理活动，保障数据安全，促进数据开发利用，保护个人、组织的合法权益，维护国家主权、安全和发展利益。

在适用范围方面，包括在中华人民共和国境内开展的数据处理活动及其安全监管。具体而言，在中华人民共和国境外开展的数据处理活动，损害中华人民共和国国家安全、公共利益或者公民、组织合法权益的，依法追究法律责任。

在数据安全制度方面，国家建立数据分类分级保护制度，根据数据在经济社会发展中的重要程度以及一旦遭到篡改、破坏、泄露或者非法获取、非法利用对国家安全、公共利益或者个人、组织合法权益造成的危害程度，对数据实行分类分级保护。同时，国家数据安全工作协调机制统筹协调有关部门制定重要数据目录，加强对重要数据的保护。

在数据安全保护义务方面，开展数据处理活动应当遵守法律法规，尊重社会公德和伦理，遵守商业道德和职业道德，诚实守信，履行数据安全保护义务，承担社会责任，不得危害国家安全、公共利益，不得损害个人、组织的合法权益。

15.3.3 《中华人民共和国个人信息保护法》

《中华人民共和国个人信息保护法》于 2021 年 8 月 20 日由第十三届全国人民代表大会常务委员会第三十次会议表决通过，同年 11 月 1 日起正式施行。该法的立法依据为宪法，自然人的个人信息受法律保护，任何组织、个人不得侵害自然人的个人信息权益。

在制定目的方面，包括保护个人信息权益，规范个人信息处理活动，促进个人信息合理利用。

在适用范围方面，包括在中华人民共和国境内处理自然人个人信息的活动，以及在中华人民共和国境外处理中华人民共和国境内自然人个人信息的活动，有以向境内自然人提供产品或者服务为目的、分析/评估境内自然人的行为等情形之一的也适用。

在个人信息处理规则方面，包括应遵循合法、正当、必要和诚信原则，采取

"告知-同意"方式处理个人信息，对敏感个人信息给予更严格的限制；国家机关处理个人信息应依照法律、行政法规规定的权限和程序进行。

在个人权利与信息处理者义务方面，明确个人在个人信息处理活动中的各项权利，包括知情权、决定权等；个人信息处理者要按照规定制定内部管理制度和操作规程，采取相应安全技术措施，指定负责人监督个人信息处理活动等。

15.3.4 其他相关法律法规

除了上述3部重要法律，还有许多其他相关的法律法规，如《中华人民共和国网络安全法》《中华人民共和国反电信网络诈骗法》《关键信息基础设施安全保护条例》，共同形成全社会参与的大数据安全综合治理网。

15.4 数据资产跨境流动与合规挑战

在全球经济一体化的大背景下,数据资产的跨境流动越来越频繁,因为数据资产的跨境流动能极大地提高跨国协作效率。但与此同时,我们必须关注,随着数据资产的跨境流动越来越频繁,数据资产的合规挑战也越来越严峻。

15.4.1 数据资产跨境流动的基本情况

数据显示,2022年,全球数字服务贸易规模为3.82万亿美元,同比增长3.9%,占全球服务贸易的53.7%。同期,中国数字服务进出口总值达到了3710.8亿美元,同比增长3.2%。

近两年,这些数据仍在不断增长。

15.4.2 数据资产合规挑战的具体体现

目前,数据资产跨境流动与合规挑战出现的问题主要集中在以下两个方面。

(1)海外上市、融资引发数据跨境流动

许多跨国企业为了获取更多的资金支持,选择在海外上市、融资,这可能引发数据跨境流动。例如,在美国上市的很多中国概念股需要应美国证券交易委员会等机构的要求,提供审计数据,甚至部分业务数据。这种数据跨境流动可能涉及国家的安全和利益,需要慎之又慎。

(2)管辖权冲突引发数据跨境流动争议

不同国家和地区的数据管辖权存在冲突时,可能会出现数据跨境流动争议。例如,在跨国企业的业务涉及多个国家和地区时,不同国家和地区可能会对同一数据主张管辖权，导致数据跨境流动的复杂性增加。

15.4.3 数据资产合规挑战的出现原因

为什么数据跨境流动会导致数据资产合规挑战的出现？主要由以下几点决定。

（1）法律法规不完善

虽然许多国家和地区已经制定了一系列数据保护法律法规，但由于各国法律体系、文化传统和技术发展程度有差异，数据跨境流动的法律法规并不完善，企业进行数据跨境流动操作时，难以确保数据的安全。

（2）存在技术障碍

数据跨境流动需要依托先进的信息技术，如云计算、大数据、人工智能等。由于技术水平存在差异、技术标准不统一，企业进行数据跨境流动操作时，常常遇到技术难题，如数据质量不高、数据格式不兼容。

（3）隐私保护难题未解决

在数据跨境流动的过程中，个人隐私往往容易受到侵犯。一方面，为了提高数据处理效率和数据价值，企业需要对用户数据进行收集、整合、分析；另一方面，为了获取利益，部分不法分子会非法调用数据，实施网络犯罪，给用户造成损失。

（4）监管缺失

数据跨境流动往往会涉及多个国家和地区，监管责任难以明确。在这种情况下，发生数据泄露、滥用事件时，很难追踪到具体的责任方，进而影响相关法律法规的执行效果。

最典型的案例是字节跳动旗下的TikTok在美国被针对——2020年8月，时任美国总统的特朗普开出行政禁令，表示将禁止TikTok在美国运营。虽然经过复杂的博弈，TikTok目前暂未被禁用，但这一事件给中国数字企业出海敲响了警钟。

15.4.4 数据资产合规挑战的应对方法

目前，针对数据资产跨境流动带来的合规挑战，一方面需要国家采取措施，主导与其他国家、地区进行交流与合作，这是解决相关问题的关键，另一方面需要企业按照不同国家和地区的不同规定，对数据资产进行梳理。

（1）明确数据分类与分级标准

企业应根据数据的重要性、敏感性，对数据进行分类、分级管理。例如，将数据分为核心数据、重要数据、一般数据等不同级别的数据，并针对不同的级别制定不同的保护措施——针对核心数据，原则上不出境，并采取严格的加密、访问控制等措施；针对重要数据，在出境前进行严格的安全评估，并确保接收方具备同等的数据保护水平；针对一般数据，在遵循相关法律法规的前提下进行合理的跨境流动。

（2）建立数据加密与匿名化技术体系

数据加密是保障数据安全的重要手段。一方面，企业应使用先进的加密技术，对跨境传输的数据进行加密处理，确保数据在传输过程中不被窃取或篡改。另一方面，针对包含个人信息的数据，各数据使用方可以使用匿名化技术，去除可识别个人身份的信息，降低隐私泄露风险。

例如，欧洲联盟的《通用数据保护条例》（GDPR）规定，在某些情况下，企业可以通过匿名化处理个人数据，使其不再属于个人数据范畴，从而降低数据资产跨境流动的合规风险。

（3）签订数据传输协议与合规承诺

在进行数据跨境传输时，企业应与接收方签订明确的数据传输协议，明确双方在数据保护方面的责任和义务。协议应包括数据的使用目的、存储期限、安全措施等内容，以及接收方需要遵守的相关数据保护法律法规。

此外，企业还可以通过向监管机构提交合规承诺，表明企业在数据资产跨境流动方面的合规决心和措施，提高监管机构对企业的信任度。

15.5 数据资产的安全保障与风险防范

无论是对企业来说，还是对政府来说，既然数据资产是宝贵的资源，那么，必须做好安全保障与风险防范。一方面，要避免数据泄露；另一方面，要避免数据被篡改，只有这样，才能保证数据精准、真实，在实际工作中发挥正向作用。

Facebook 事件曾引起轩然大波，该事件的发生原因是第三方应用程序存在漏洞，导致用户的个人数据被泄露。爱尔兰数据保护委员会决定对 Facebook 处以 2.65 亿欧元的罚款，理由是该软件中超 5 亿用户的个人数据被泄露。此次罚款金额的确定基于 2021 年 4 月的一项调查，该调查显示，Facebook 中的约 5.33 亿用户（涉及 106 个国家）的个人数据被黑客窃取，这些数据包括用户的账号、真实姓名、所在位置、生日信息、个人简介，以及电子邮箱地址等。

Facebook 事件给所有企业敲响了警钟。那么，具体而言，应该如何做好数据资产的安全保障与风险防范工作呢？

（1）严格遵守法律法规

一方面，严格遵守《中华人民共和国数据安全法》《中华人民共和国个人信息保护法》等法律法规，明确自身在数据处理、存储和使用过程中的责任和义务。

另一方面，建立健全数据安全管理制度，加强对数据的管理和监督，确保安全措施的有效落实。

（2）建立健全工作机制

建立健全数据安全管理工作机制，需要重点关注数据安全风险评估、监测预警、应急处置等环节。一方面要确保数据资产安全管理工作的有序开展，另一方面要落实平台安全管理部门、政务应用部门、授权运营者等的主体责任，明确各主体在数据资产安全管理中的职责和权限。例如，平台安全管理部门负责平台的安全防护和运维管理、政务应用部门负责数据的使用和管理、授权运营者负责数据的开放和共享，各主体相互协作、相互监督，才能共同保障数据资产安全。

（3）摸清数据资产底数

建立数据资产台账，对企业、组织的数据资产进行全面梳理和登记，包括数据的类型、数量、存储位置、使用情况等信息。

在此过程中，应该着力完成数据分类分级管理，对不同类型和敏感程度的数据进行分类标识，明确不同级别数据的安全保护要求。例如，将数据分为公开数据、内部数据和敏感数据3个级别，分别采取不同的安全保护措施。

（4）全面加强权限管理

建立基于属性的访问控制模型，根据用户的属性和需求，动态分配访问权限。例如，根据用户的角色、职责、部门等属性，为用户分配相应的访问权限。与此同时，可使用接口方式对外提供服务，确保数据的访问和使用在可控范围内。

（5）切实保障平台安全

一方面，在平台上进行数据分域管理，将不同类型、不同敏感程度的数据划分入不同的安全域，采取不同的安全防护措施。

另一方面，采取数据沙箱、隐私计算等措施提高平台的安全系数，赋能数据开放、流通，确保数据在开放和共享过程中的安全性。例如，使用数据沙箱技术，在隔离环境中对敏感数据进行处理和分析，防止数据泄露、被篡改。

（6）实施数据风险监测

一方面，加强数据的留痕审计和溯源，对数据的访问、使用、修改等行为进行记录和审计，确保数据可追溯。

另一方面，使用大数据分析、人工智能等技术，对数据的传输进行实时监测和预警，以便及时发现、处理数据安全风险。例如，使用大数据分析技术，对数据的访问模式和行为进行分析，发现异常的访问行为和潜在的安全风险后，及时采取相应的措施。

(7) 加强供应链管理

一方面，加强对供应商的准入管理。具体而言，要对供应商的安全资质和能力进行严格审核，确保供应商的安全管理水平良好。与此同时，在合同或协议中明确数据保护责任，规范供应商的数据处理、管理行为。

另一方面，加强对供应商的监督、评价管理。具体而言，要定期对供应商的数据安全管理情况进行监督、检查、评估、评价，确保供应商持续满足安全要求。例如，不定时对供应商进行安全审计，严查供应商的数据安全管理制度、技术措施、人员管理等方面的情况，若发现问题，及时要求供应商进行整改。

(8) 加强人才培训与考核

一方面，加强数据安全管理人员和技术人员的培训与教育，建立健全数据安全人才培养和评价体系，增强其安全意识，提高其技术水平、实战能力。例如，组织数据安全培训课程和实战演练，提高相关人员的应急处置能力和安全管理水平。

另一方面，完善政务数据安全人员的认证、考核体系。

(9) 进行数据安全评估

对企业的数据资产进行全面的安全评估，重点评估数据的存储、传输、处理等环节的安全性，若发现系统漏洞，以及安全配置不当等问题，及时进行修复和改进。例如，聘请专业的安全评估机构对企业的数据资产进行安全评估，出具详细的评估报告和整改方案，确保企业的数据资产安全。

(10) 加强授权、认证管理

一方面，严格控制敏感数据资产的访问权限，拒绝所有未授权访问。

另一方面，加强认证管理，使用设置复杂密码、进行双重认证等技术手段，提高认证的安全性。

(11) 启用数据加密技术

一方面，对关键业务数据和存储设备进行加密管理，确保数据的机密性和完整性不受损。

另一方面，定期更新加密算法和密钥，提高加密的安全性，防止加密算法被破解。

（12）实施数据分类政策

一方面，全面介绍数据分类政策，并制定详细的数据分类标准、明确数据标识方法，对不同类型的数据进行分类标识，指导员工正确识别和保护机密数据资产。

另一方面，定期审查数据分类政策的实施情况，确保数据分类正确、有序。

（13）持续优化运维安全

首先，制订完善的数据备份计划，定期对数据资产进行备份，并不定时测试备份数据的有效性，确保备份数据完整、可用。

其次，及时更新操作系统与软件补丁、修复系统与网络漏洞。

最后，通过培训、指导，不断增强运维人员的安全意识、提高运维人员的安全管理水平。

（14）建立风险应对预案

一方面，制订详细的应急响应计划，明确数据安全事件发生时的应急处置流程和责任分工，重点关注事件报告、应急处置、恢复重建等环节。

另一方面，定期进行安全演练，提高相关人员的应急处置能力和协同作战能力。

（15）积极使用先进技术

积极使用大数据、人工智能等先进技术对数据资产进行实时监控和预警，以便及时发现、处理数据安全风险。例如，使用大数据分析技术，经常对数据的访问模式和行为进行分析，及时发现异常访问行为和潜在的安全风险；使用人工智能技术，对数据进行智能分类和标识，提高数据管理的效率和准确性。

15.6 数据资产伪造与篡改的防范方法

目前，互联网上有部分黑客不仅会窃取数据资产，还会篡改、伪造数据资产，非法牟利，给企业、政府带来负面影响。

因此，企业、政府必须尽快掌握并适时使用如图 15-1 所示的方法，避免数据资产被窃取、伪造、篡改。

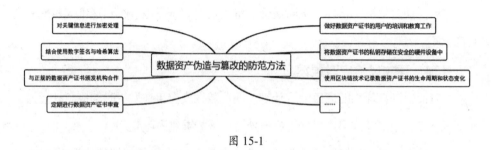

图 15-1

对以上部分方法详细介绍如下。

15.6.1 对关键信息进行加密处理

对关键信息进行加密处理是保护数据资产证书的重要手段之一。

对数据资产证书中的关键信息（证书编号、持有人姓名、颁发日期等）进行加密处理，可以有效防止这些信息在传输和存储过程中被非法获取。

常见的加密算法有 RSA、AES 等。

RSA 加密算法是一种非对称加密算法，使用时有一对密钥，公钥用于加密，私钥用于解密。在数据传输过程中，发送方使用接收方的公钥对数据进行加密、接收方使用自己的私钥进行解密，能够更稳妥地确保数据的安全。

AES 加密算法是一种对称加密算法，使用相同的密钥进行加密和解密。

使用加密技术，最主要的目的是防止未经授权的用户访问、篡改数据资产证书。在实际工作中，使用者可以根据具体情况选择使用合适的加密算法。

15.6.2 结合使用数字签名与哈希算法

结合使用数字签名与哈希算法可以为数据资产证书提供更高级别的安全保障。常见的数字签名算法有 RSA、DSA 等，前文已进行过介绍，这里重点介绍哈希算法。使用哈希算法，可以将任意长度的数据转换为固定长度的哈希值，且相同的输入始终生成相同的哈希值。常见的哈希算法有 MD5、SHA-1、SHA-256 等。

结合使用数字签名与哈希算法的具体操作如下。

在数据传输过程中，发送方先对数据资产证书进行哈希运算，得到哈希值，再使用私钥对哈希值进行数字签名，最后将数字签名和数据资产证书一起发送给接收方。接收方收到数据后，先使用发送方的公钥对数字签名进行验证，得到哈希值，再对数据资产证书进行哈希运算，得到另一个哈希值，最后，对两个哈希值进行比对，如果两个哈希值相同，说明数据资产证书没有在传输过程中被篡改。

15.6.3 与正规的数据资产证书颁发机构合作

与正规的数据资产证书颁发机构合作是防范数据资产被伪造与篡改的重要举措，因为正规的数据资产证书颁发机构通常有严格的认证流程和安全标准，可以确保颁发的数据资产证书具有真实性、有效性。

国际知名的数据资产证书颁发机构，如 VeriSign、GlobalSign，在全球范围内有很高的声誉。

15.6.4 定期进行数据资产证书审查

定期对数据资产证书进行审查是确保其真实性和有效性的重要举措。

一方面，制定严格的审查流程，对数据资产证书的有效期、颁发机构、持有人信息等进行逐一核对。若在审查过程中发现已过期或失效的数据资产证书，要及时进行更新或撤销。

另一方面，采取全面的监控措施，如日志记录、定期审计，监测潜在的伪造行为或篡改行为。具体而言，通过记录数据资产证书的使用情况和操作日志，可以及时发现异常行为，一旦确认数据资产证书被伪造或篡改，应立即通知相关方，并采取紧急措施，如暂停使用该数据资产证书、更换数据资产证书。

15.6.5 做好数据资产证书的用户的培训和教育工作

对使用数据资产证书的用户进行相关知识的教育和培训，可以提高他们对伪造和篡改风险的认识。

一方面，可以通过组织培训班、发放宣传资料等，向用户介绍数据资产证书的重要性、伪造和篡改的危害，以及防范伪造和篡改的措施。

另一方面，如果条件允许，可以指导用户直接尝试对数据资产证书的真实性和有效性进行验证，甚至直观感受更多对异常情况的处理过程。例如，指导用户通过查看数据资产证书的颁发机构、有效期、数字签名等信息，验证数据资产证书的真实性和有效性。

15.6.6 其他防范方法

将数据资产证书的私钥存储在安全的硬件设备中，如存储在加密硬件钱包、安全模块中，可以防止私钥被盗用，因为这些硬件设备通常有高强度的加密功能和物理保护措施。

使用区块链技术记录数据资产证书的生命周期和状态变化，包括数据资产证书的颁发、使用、更新等信息，对数据资产证书进行全生命周期管理，可以确保数据资产证书不被篡改、所有变动都可追溯。

15.7 数据资产，最普遍的生产要素

有人说，数据资产会成为最普遍的生产要素。

那么，成为生产要素的必要条件是什么？数据资产能否满足这些条件？

15.7.1 数据资产的"生产要素"特点

第一，数据资产具有有效性，能够为人类的生产活动作贡献、提供实际效益。具体而言，企业依托对数据资产的深入挖掘、分析进行市场预测、生产流程优化、决策指导等，能获得显著的经济效益。

第二，数据资产具有可交易性，能够在市场上进行交易，实现资源的合理配置和有效利用。目前，数据交易市场逐渐兴起，使用数据交易平台，企业可以便捷地进行数据资产的买卖。

第三，数据资产具有可再生性。随着人类活动的不断进行，数据会持续产生，这种产生状态是长期的、稳定的。

第四，数据资产具有替代性，即在特定条件下，可以替代其他生产要素使用。例如，在某些决策过程中，数据资产可以替代传统的实践经验。

第五，数据资产具有规模效应。集中挖掘、分析大量的数据资产，可以获得更理想的效益和回报。

第六，数据资产可与其他生产要素结合使用。将数据资产与其他生产要素结合使用，能让生产过程更加顺畅、稳定。

第七，数据资产的产权越来越受重视、越来越明确。这一变化，有助于生产者的权益、利益得到越来越全面的保护。

第八，数据资产具有稳定性。使用稳定性强的数据资产辅助生产，能够有效降

低生产的不确定性和过程风险。

这 8 个特点，都是成为生产要素的必要条件。由此可见，数据资产是比较典型的生产要素。

15.7.2　数据资产的生产力

生产要素与生产力相互作用，缺一不可。

与数据资产相互作用的生产力是什么？是互联网。互联网为数据资产提供着应用基础和价值实现场景。

至今，互联网的发展已历经 3 个阶段——互联网 1.0，以信息单向传播为主要特点；互联网 2.0，以支持用户交互为主要特点；互联网 3.0，以智能化、大数据化、虚拟与现实结合、开放等为主要特点。在 2.0 和 3.0 阶段，互联网均为数据资产的持续发展和价值实现提供着有力支持。

在互联网 2.0 时代，数据资产就已经出现。互联网 2.0 既提供着源源不断的、免费的数据来源，又提供着多样的数据创造价值的机会和场景，解决了数据持续生产（供给）的问题。

在互联网 3.0 时代，通过提供金融支付、自动驾驶、生产流程优化、数据资产交易等价值创造活动机会，互联网 3.0 不断夯实着数字经济基础，解决了数据价值实现的问题。

可以说，正是因为有着互联网这样的平台，数据资产才有用武之地。

15.7.3　数据资产对未来的影响

前文，我们已经较为全面地论述了数据资产的应用可能为各行业、各领域带去的改变，可以说，这些改变是革命性的改变。

在本书的最后，我们以受数据资产应用的影响最大、最直观的行业之一——制造行业为例，回顾一下数据资产对未来的革命性影响。

(1) 优化生产过程

通过收集、分析生产线上的实时数据，制造企业可以对生产过程进行精准监控和优化。例如，使用传感器收集设备运行状态数据并进行分析，可及时发现潜在故障，预防生产中断。

(2) 优化产品质量

通过收集、分析产品质量检测数据，制造企业可以高效明确问题原因，及时采取改进措施。与此同时，通过收集、分析用户反馈数据，制造企业可以全面了解产品的使用情况和市场需求，为产品的升级、优化提供参考。

(3) 优化供应链管理

通过收集、分析供应商数据、库存数据、物流数据等，制造企业可以对供应链进行透明化管理，制定更合理的采购策略和销售策略，不断优化库存水平、降低运营成本。

总之，几乎所有行业都会在数据资产的赋能下高效地实现质量的优化、发展的提速。正因为如此，2023 年末，财政部制定、印发了《关于加强数据资产管理的指导意见》，明确以促进全体人民共享数字经济红利、充分释放数据资产价值为目标，以推动数据资产合规高效流通使用为主线，有序推进数据资产化，加强数据资产全过程管理，更好地发挥数据资产价值。

未来，数据资产的发展空间无比广阔，必将成为推动经济社会发展的重要力量。因此，无论是企业还是政府，都应该积极把握数据资产的发展机遇，加强对数据资产的管理和应用，推动数据资产市场的健康发展！